KASSRA ZARGARAN

# DER PERSER

KASSRA ZARGARAN

# DER PERSER

Wie ich ein Hells Angel wurde,
als Kronzeuge vor Gericht auspackte
und im Zeugenschutz landete

Unter Mitarbeit von Nils Frenzel

riva

**Bibliografische Information der Deutschen Nationalbibliothek**
Die Deutsche Nationalbibliothek verzeichnet diese Publikation in der Deutschen Nationalbibliografie. Detaillierte bibliografische Daten sind im Internet über http://dnb.d-nb.de abrufbar.

**Für Fragen und Anregungen**
info@m-vg.de

**Wichtiger Hinweis**
Ausschließlich zum Zweck der besseren Lesbarkeit wurde auf eine genderspezifische Schreibweise sowie eine Mehrfachbezeichnung verzichtet. Alle personenbezogenen Bezeichnungen sind somit geschlechtsneutral zu verstehen.

Originalausgabe
6. Auflage 2025

Türkenstraße 89
80799 München
Tel.: 089 651285-0



Umschlaggestaltung: Marc-Torben Fischer
Umschlagabbildung: © Nils Schwarz
Satz: abavo GmbH, Buchloe
Druck: GGP Media GmbH, Pößneck
Printed in Germany

ISBN Print 978-3-7423-1985-2
ISBN E-Book (PDF) 978-3-7453-1722-0
ISBN E-Book (EPUB, Mobi) 978-3-7453-1723-7

Wir produzieren nachhaltig
www.m-vg.de

*Weitere Informationen zum Verlag finden Sie unter*
**www.rivaverlag.de**
Beachten Sie auch unsere weiteren Verlage unter www.m-vg.de

# Inhalt

# Intro

Einer meiner Brüder parkte den braunen CL 500 mit dem Frankfurter Kennzeichen in einer Seitenstraße in Berlin-Reinickendorf.* Direkt vor dem Wettbüro zu halten kam nicht infrage. Wir stiegen aus dem Wagen und gingen eilig, aber nicht auffallend hastig über die leere Residenzstraße. Ich zog meine Jacke enger und sah mich um. Es war der 10. Januar 2014, kurz vor 23 Uhr, und ich fror in der nach Smog stinkenden Berliner Winternacht.

Als wir vor dem Laden ankamen, standen dort schon die anderen Jungs. Wir nickten uns kurz zu und warteten auf ein paar Nachzügler. Die Stimmung war angespannt. Ich atmete tief durch.

Die Ansage von Kadir war klar gewesen: »Fahrt mal rüber ins Café Expect und schaut, ob Tahir da ist.« Gemeint war für mich: Zeigt Präsenz. Macht dem Jungen eine Ansage. Dieses »Ansage machen«, das war wichtig. Schließlich waren wir nicht irgendein x-beliebiger Rockerclub. Wir waren Hells Angels. Und nicht irgendwelche Hells Angels, keine alten Rockertypen mit grauen

* Die meisten der hier im Buch auftauchenden Personen wurden aufgrund des Schutzes ihrer Persönlichkeit namentlich verfremdet. Ähnlichkeiten mit lebenden oder toten Personen sind rein zufällig und keineswegs beabsichtigt.

Bärten, die sich mit Willi und Harri am Sonntag auf eine Motorradtour verabredeten, sondern das Charter »Hells Angels MC Berlin City«. Das Hells-Angels-Charter, mit dem man es sich nicht verscherzen sollte.

Wir waren viele Kanacken. Stabile Typen, die zuschlagen konnten und vor nichts zurückschreckten. Member unseres Charters kontrollierten Teile der Berliner Unterwelt. Wir waren berüchtigt und gefürchtet. Die Stadt und auch die Staatsgewalt kannten uns. Und der Junge, dem wir jetzt im Expect einen Besuch abstatten sollten, war in der Vergangenheit um keine Provokation verlegen gewesen. Da waren nicht nur die Messerstecherei im Traffic vom Oktober letzten Jahres, sondern auch die neuesten Anfeindungen und Bemerkungen von Tahir gegenüber Kadir und unserem Charter. Mitten in unserem Kiez. Und heute war es endgültig genug.

* * *

Die Tür des Wettbüros öffnete sich und der erste meiner Brüder ging hinein. Ich zog mir instinktiv die Kapuze meines Pullis über den Kopf und folgte meinem Vordermann ins Café Expect.

Bis zu diesem Zeitpunkt waren solche Aktionen in meinem Leben ziemlich normal gewesen. Das war Alltag für mich. Der Club und vor allem die Außenwirkung des Clubs waren mir wichtig. Wobei »wichtig« vielleicht untertrieben ist. In dieser Phase meines Lebens war der Club alles für mich. Der Club bestimmte mein Leben. Er *war* mein Leben. Und nicht nur mein eigenes Leben, sondern auch das meiner Familie. Für den Club und das

Charter, für das ich in einer eiskalten Januarnacht gerade mit einem guten Dutzend schwerer Jungs dieses türkische Wettbüro stürmte, war ich vor etwas über zwei Jahren von Hamburg nach Berlin gezogen und hatte meine Frau und meine kleine Tochter mitgenommen. Auch wenn ich in den letzten Monaten an dem Club zweifelte, weil ich jetzt ein Member war, also ein vollwertiges Mitglied, und viel mehr verstand, worum es eigentlich ging, deutlicher spürte, dass ich mich in eine Illusion, einen Irrglauben verrannt hatte, war ich jetzt bei dieser Aktion dabei.

Ich betrat das Expect etwa an siebter oder achter Stelle. Rechts im Innenraum befanden sich ein kleiner Tresen und ein Getränkeautomat. Links daneben stand ein blinkender Spielautomat, vor dem ein alter Mann saß und spielte, aber genau wie alle anderen, die hier im Raum anwesend waren, erstarrte er nun und rührte sich nicht. Er sah uns einfach nur mit offenem Mund an. Auch der dickliche Kerl, der mit einer Zigarette im Mund hinter dem Tresen stand, sah uns dabei zu, wie wir entschlossen durch den Vorderraum gingen. Allen, die hier waren, musste klar sein, dass wir keine normalen Gäste waren, die einen entspannten Abend verbringen und Karten spielen würden. Wir hatten etwas zu erledigen.

* * *

Ich lief durch den verrauchten Raum und nahm die Geräusche des blinkenden Glücksspielautomaten links neben mir wahr, während ich auf den Rücken meines Vordermanns blickte.

Das Expect war so ein typisches türkisches Café, bei dem die Grenze zwischen Illegalität und Kriminalität fließend verlief. Man konnte hier zwar einen Çay trinken, aber ganz ehrlich, das machten die Wenigsten. Wir wollten in den Hinterraum, denn da sollte der Junge sitzen. Ich lief den schmalen Gang des Cafés entlang, blickte weiter auf den Rücken meines Vordermanns und befand mich kurz vor der Schwelle zum Hinterzimmer, als ich ein lautes Geräusch hörte.

BOOM.

Das war ein Schuss.

Boom.

Ein zweiter Schuss.

Gefolgt von sechs weiteren Schüssen. Abgefeuert in schneller Abfolge.

Boom. Boom. Boom. Boom. Boom. Boom.

Mein Vordermann blieb stehen und ich spürte, wie mein Herz mit einem Mal schneller schlug. Im Raum brach Panik aus. Und eine unverständliche Geräuschkulisse setzte ein. Die Jungs, die vor mir gelaufen waren, drehten sich um und kamen mir mit weit aufgerissenen Augen entgegen. Auch ich drehte mich um und lief durch den Flur zurück in den Eingangsbereich. Ich hörte Schreie. Fenster klirrten, ich vernahm ein Geräusch, das nach einem umgeworfenen Tisch klang, Stimmen riefen durcheinander in einem Mix aus Türkisch, Arabisch und Deutsch. Irgendjemand schrie: »Scheiße, verdammt!«, und ein anderer: »Yallah, weg von hier!« Ein chaotisches Durcheinander, ich rannte zurück zum Eingang des Cafés. Aus dem Augenwinkel sah ich, wie der alte Mann vor dem Spielautomaten gerade dabei war aufzustehen, aber einer der Jungs, der vor mir rannte, schlug ihn zurück.

»Alle raus hier!«, schrie jemand, und das ließ ich mir nicht zweimal sagen.

Adrenalin schoss mir durch den Körper, meine Hände zitterten. Ich musste sofort weg von hier. Am besten nach Hause. Das war eine riesengroße Scheiße alles.

* * *

Ich stand auf der Straße und rannte los. Links um das Wettbüro und dann in Richtung meiner Wohnung. Ich hatte keine Ahnung, was genau passiert war und wer auf wen geschossen hatte. Aber als ich loslief, wusste ich eines ganz sicher: dass wir jetzt alle gefickt waren.

Vom Wettbüro bis zu meiner Wohnung waren es nur fünf Minuten Fußweg, das sollte ich schaffen, bevor die Bullen aufkreuzten. Aber als ich um die Ecke bog, hörte ich das Geräusch von quietschenden Reifen direkt neben mir. Ich schaute nach links und sah den braunen Mercedes, mit dem ich hergekommen war. Aus dem offenen Seitenfenster hörte ich eine Stimme. Es war einer meiner Brüder.

»Alter, Perser, steig ein!«

Ich blieb stehen.

»Nein!«, antwortete ich. »Kein Bock auf die Scheiße, ich lauf nach Hause.«

»Mann, bist du blöd, steig ein, Perser!«, sagte er und riss die hintere Tür auf.

Ich blickte mich um und stieg ein.

»Was ist passiert, Mann?«, fragte ich und bemerkte ein leichtes Zittern in meiner Stimme.

»Keine Ahnung, Mann!«

Die Augen meines Gegenübers waren so weit aufgerissen, dass ich unnatürlich viel Weißes darin sah.

Der Fahrer trat aufs Gas.

»Wir müssen hier schnell weg!«

Die Stimmung im Auto war aufgewühlt. Uns allen ging mächtig die Pumpe, niemand wusste, was überhaupt passiert war. Wieso die vielen Schüsse? War jemand verletzt? Was war Sache?

Nur der Beifahrer sprach kein Wort. Wie sich später herausstellen würde, hatte er als Einziger im Wagen gewusst, dass Tahir Özbek an diesem Abend sterben sollte.

Der Fahrer lenkte das Auto ins Märkische Viertel. Hinter uns fuhr noch ein anderes Auto mit Jungs, die bei der Aktion dabei gewesen waren. Nach kurzer Zeit parkten wir auf einem von außen schwer einsehbaren, schlecht ausgeleuchteten Parkplatz und stiegen aus. Alle redeten hektisch durcheinander: »Wer hat geschossen?« – »Was ist passiert?« – »Alter, ist einer von euch verletzt?«

So richtig kamen wir nicht weiter und so löste sich unsere Gruppe bald auf. Der Fahrer wollte den Wagen wegbringen und sich umziehen. Wir anderen wollten ins Sahara, um uns dort mit Kadir zu treffen. Jeweils zu zweit nahmen wir uns ein Taxi. Ich blickte aus dem Fenster, sah, wie im Dunkel der Nacht die Umrisse der Gebäude an mir vorbeizogen, und versuchte an gar nichts zu denken. Vor allem versuchte ich mir nicht vorzustellen, was jetzt noch alles passieren würde.

* * *

Nach kurzer Fahrzeit erreichten wir das Café Sahara in Berlin-Wedding. Als wir zu zweit darauf zugingen, waren bereits die Beamten des Landeskriminalamts vor Ort. Sie führten eine offene Observierung durch. Ein Zivilpolizist, gut möglich, dass es Frankie war, lehnte betont lässig an einem blauen VW T5 und beobachtete entspannt, wie wir die Tür zum Café öffneten. »Tach zusammen«, sagte er und grinste, aber wir reagierten nicht. Für diese Scheiße hatte keiner von uns einen Nerv.

Die offenen Observationen des Rockerdezernates, dem sogenannten »RD«, kannten wir zur Genüge. Es war für uns normal geworden, dass immer wieder Zivilpolizisten und Beamte des LKA eben dort auftauchten, wo wir waren. Bei manchen Beamten allerdings war nicht ganz klar, auf welcher Seite sie eigentlich standen. Einige von ihnen, wie Koslow, den wir einfach nur »den Russen« nannten, waren so begeistert von den »Rockern«, dass sie sich wohl nichts sehnlicher wünschten, als ein Teil von uns zu werden. Der Russe genoss es regelrecht, in unserer Nähe zu sein.

Früher waren die Bullen oft an unserem mittlerweile geschlossenen Clubhaus anzutreffen gewesen, jetzt hingen sie eben hier rum, an unserem neuen Treffpunkt. Regelmäßig erstellten sie Foto- und Videomaterial von uns oder protokollierten, wer wann in den Club ging oder ihn verließ. Außerdem schrieben sie sich unsere Autokennzeichen auf – eben eine offene Observierung, wie sie in letzter Zeit, seitdem die Aktionen unseres Charters zahlreicher wurden, immer öfter durchgeführt wurde.

Als wir das Sahara betraten, waren schon einige Leute von uns da. Hangarounds, Prospekte, Member sowie einige Führungsköpfe des inneren Zirkels. Sie alle waren hier. Die Stimmung war aufgeheizt, alle waren verwirrt und aufgebracht – offen über die Aktion sprach aber natürlich niemand.

Ich ließ mich in einen Stuhl fallen und versuchte erst einmal alles sacken zu lassen. Ich atmete tief ein und nahm mir eine Hayat-Wasserflasche aus dem Kühlschrank. Dann zückte ich mein Handy und las den Liveticker der B.Z. Bei solchen Vorfällen war die Presse immer sehr schnell. Ich aktualisierte und las.

**+++Schießerei im Wettbüro in Reinickendorf+++**

Und weiter.

**+++Opfer schwer verletzt+++**

Ich nahm einen Schluck Wasser, aktualisierte nach einigen Minuten.

**+++Das Opfer, ein türkischer Junge namens Tahir Ö., ist tot+++**

Mir stockte der Atem.

Scheiße. Der Junge war tot.

* * *

Wenige Sekunden nach der Meldung kam ein LKA-Beamter ins Sahara gestürmt. Er ging geradewegs zu Yücel, der an der Bar lehnte. Yücel war damals unser Sergeant at Arms und für die Bewaffnung und Verteidigung unseres Charters zuständig. In der Hells-Angels-Hierarchie stand er damit an dritter Stelle, gefolgt vom Präsidenten, damals Kadir Padir, und dem Vizepräsidenten, der eine lange Zeit ein Typ namens Hamza gewesen war. Zum Zeitpunkt der Aktion war er allerdings beim Chef in Ungnade gefallen und hatte im Frühling 2013 gehen müssen. Ein Fakt, der bereits viel über den Zustand unseres Charters aussagte.

Ich saß direkt neben Yücel, der betont lässig auf einen großen Flatscreen schaute, auf dem irgendein Fußballspiel lief. Er schien sich nicht für das zu interessieren, was der Beamte ihm zu sagen hatte.

»Hör zu, es gab eine tödliche Schussabgabe. Wir machen jetzt eine Gefährderansprache.«

Das tat die Polizei öfter. Sowohl früher in unserem großen Clubhaus in der Residenzstraße als auch jetzt im Sahara. Sie informierte alle Anwesenden, dass seitens der Polizei eine Gefährdungslage festgestellt worden war, die von unserer Gruppe ausging. Im Klartext hieß das: Wir haben euch im Auge.

Spätestens ab diesem Moment war für mich klar: Die Polizei weiß genau Bescheid. Wir saßen tief in der Scheiße.

Nachdem der LKA-Beamte gegangen war, sah ich, wie Yücel von der Bar aufstand und um die Ecke ging. Dort, unter dem dämmrigen Licht einer einfachen Lampe, lehnte Kadir an der Wand. Wie so oft steckten sie die Köpfe zusammen und besprachen das weitere Vorgehen.

Die anderen Jungs im Sahara sprachen nicht. Zumindest nicht über das, was geschehen war. Verkrampft versuchte man sich über irgendetwas zu unterhalten. Über Frauen, den letzten Besuch der Dänen oder den obligatorischen Ausflug ins Artemis. Hauptsache man sprach nicht über das, was gerade passiert war. Über Straftaten wurde sowieso geschwiegen, erst recht in einem offenen, unberechenbaren Raum, mit LKA-Beamten vor der Tür und einer eben vollzogenen Gefährderansprache.

Es war mittlerweile weit nach Mitternacht und ich war unfähig, klar zu denken. Ich starrte weiter wie paralysiert auf mein Handy, schaute immer wieder auf den sich ständig aktualisierenden Liveticker, sah die ersten Bilder vom Tatort und dachte mir: Scheiße. Der Junge ist tot. Jetzt sind wir alle wegen Mordes dran. Wir sind am Arsch. Ich bin am Arsch …

Dann, urplötzlich, stellte sich Kadir mitten in das Café und erhob die Stimme: »So, Jungs.« Er legte beide Hände auf seinen Bauch und schaute in die Runde.

Es wurde ganz still im Raum, alle sahen ihn an. Wollte er jetzt die Situation einordnen? Einen Plan vorstellen?

Kadir unterbrach die Ruhe, indem er ganz einfach fragte: »Wer hat Bock, was zu essen? Lasst mal alle was essen gehen, Jungs, ich hab Bock auf Burger!«

* * *

Wenige Minuten später fuhren wir mit einem guten Dutzend Jungs aus unserem Charter zu Burger King an der nahe gelegenen Schönhauser Allee. Ich wollte in diesem Augenblick viel lieber für mich sein, aber das ging jetzt nicht. Alle bestellten sich etwas zu essen, ich selbst bekam keinen Bissen runter. Apathisch schaute ich auf mein Handy und auf den Liveticker und versuchte zu verstehen, was gerade passiert war.

Kadir tat so, als wäre gar nichts passiert. Wir saßen im ersten Obergeschoss, er lehnte sich am Tischende zurück, das T-Shirt unseres Clubs mit der Aufschrift »Hells Angels Berlin City« spannte sich über seinem voluminösen Bauch. Ein paar Jungs verdrückten einen Burger nach dem anderen.

Mir verging der Appetit jetzt endgültig.

* * *

Nach kurzer Zeit fuhren wir zurück ins Sahara und dann relativ zügig weiter zu einer Shisha-Bar, die einem Member gehörte. Vor dem Sahara war einfach zu viel los. In der Bar angekommen sagte Kadir, alle Member, also alle, die keine Hangarounds oder Prospekte waren, sollten ihre Handys am Eingang liegen lassen und mit ihm nach hinten in den Innenhof der Bar kommen. Ich schloss mich ungefähr einem halben Dutzend Jungs an. Im Innenhof bildeten wir einen Halbkreis und Kadir erhob wieder das Wort.

»Passt mal auf, Jungs.« Er räusperte sich kurz und schaute in die Runde, versuchte jeden einzeln zu fixieren, um seinen Worten noch mehr Nachdruck zu verleihen. »Das ist jetzt das erste und das letzte Mal, dass ich über die Sache sprechen werde. Es ist, wie es ist. Akzeptiert das. Alle, die mit im Expect waren, schreiben jetzt ihren eigenen Namen und den ihrer Anwälte auf einen Zettel und geben diesen Zettel dann Tommek.«

Tommek war damals unser Treasurer. Bei den Hells Angels ist der Treasure so etwas wie eine Art Verwalter für alle Büroangelegenheiten des Clubs. Tommek war Gründungsmitglied unseres Charters und ein langjähriger Vertrauter von Kadir Padir. Vom Typ her war Tommek eher ruhig und introvertiert und deshalb wahrscheinlich auch der Richtige für diesen Job.

»Und wenn irgendetwas sein oder etwas passieren sollte …«, Kadir blickte uns an, »… dann ist mein Anwalt der Kopf eurer Anwälte und sagt denen, was zu tun ist. Alles klar?«

Dieses »Alles klar?« war natürlich nur rhetorisch gemeint. Kadir wollte nicht wirklich eine zweite Meinung hören.

Wir gingen zurück in die Shisha-Bar. Es war noch dunkel, aber in wenigen Stunden würde die Sonne aufgehen. Dann würde ein neuer Tag anbrechen. Der erste Tag nach dem Mord. Der erste Tag einer neuen Wirklichkeit. Nichts würde mehr sein wie zuvor.

Unsere Versammlung löste sich langsam auf. Ein junger türkischer Prospekt fuhr mich nach Hause. Einer von denen, der auch jetzt noch motiviert war und gar nicht wusste, worauf er sich eingelassen hatte. Er drehte das Radio laut auf, als wir losfuhren. Auf irgendeinem Berliner Radiosender lief Techno-Musik. Der Prospekt nickte zum Beat mit. Unsere Fahrt führte uns am Expect vorbei und bereits von weitem konnte ich aus dem Auto erkennen, dass der vordere Bereich rund um das Café mit weiß-rotem Flatterband abgesperrt war. Mehrere Streifenwagen standen auf der Straße. Das Blaulicht blendete mich. Als wir vorbeifuhren, wagte ich nur einen kurzen Blick aus dem Seitenfenster.

* * *

Es war fast sechs Uhr morgens, als ich meine Wohnungstür aufschloss. Ich schüttelte mich kurz im Hausflur. Mir war klar, dass das LKA bald kommen würde. Ich war erledigt. Wir alle waren erledigt. Ich hatte gedanklich zwar schon vor Monaten mit dem Club abgeschlossen und wollte dieses Leben längst hinter mir lassen, aber jetzt war es endgültig vorbei. Die massive Zunahme der Gewalt und der Willkür in den letzten Monaten. Und das war nun dabei herausgekommen: dass ich mich nach Hause fahren ließ in einer Nacht, in der es ein Todesopfer gegeben hatte. Von einem jungen Typen, einem Neuen, einem Prospekt, der glaubte, das alles hier sei so wahnsinnig erstrebenswert. So wie ich das früher auch gedacht hatte. Aber diese Idee einer loyalen Gemeinschaft, die gab es schon lange nicht mehr. Hatte es nie gegeben. Der Club und die nach außen propagierte Bruderschaft, das war nichts weiter als eine Illusion. Eine dumme Idee. Von Idioten für Idioten. Nichts davon war echt. Es war eine Scheinwelt, der ich mich vollkommen verschrieben hatte.

Und jetzt war ein Junge tot. Für nichts.

Ich musste meine Familie schützen. Wenigstens jetzt. Ich wollte nicht, dass in den nächsten Tagen oder Wochen ein Sondereinsatzkommando bei mir die Tür eintrat und mein Kind das miterleben musste. Ich atmete noch einmal tief durch, ging durch den Hausflur in unsere Wohnung und weckte im Schlafzimmer Lisa und meine Tochter.

»Ihr müsst gehen«, sagte ich mit ruhiger Stimme und gab Lisa etwas Bargeld. »Fahrt zu meinen Eltern. Jetzt sofort.«

Lisa stellte keine Fragen, sie kannte den Tonfall, den ich anschlug.

Nachdem die beiden unsere Wohnung verlassen hatten, stand ich in der Küche und schaute aus dem Fenster. Im Licht der aufgehenden Sonne sah ich, wie der Wagen um die Ecke bog. Ich blickte ihnen noch einige Minuten hinterher.

Von der Küche aus ging ich ins Schlafzimmer und setzte mich auf die Bettkante. Ich starrte an die weiße Wand vor mir. Jetzt war ich allein in dieser Wohnung. Mitten in Berlin. Es war nur eine Frage der Zeit, bis das LKA uns schnappte. Es war der Anfang vom Ende. Oder war es vielleicht der Anfang eines Neubeginns?

Ich schloss die Augen und ließ mich aufs Bett zurückfallen. Ich schlief ein, bevor mein Rücken die Matratze berührte. Kurz überkam mich noch ein letzter Gedanke: Wie konnte es so weit kommen?

# Frühe Jugend und Iran

Dass es kein Klischee ist, dass Psychologen zu Anfang eines Gutachtens erst einmal über die Kindheit und die frühe Jugend sprechen wollen, erfuhr ich während meines eigenen Prozesses einige Jahre später.

»So, Herr Zargaran«, hatte der Mann mit der braunen Hornbrille gesagt und mir dabei quer über den metallenen Tisch tief in die Augen gesehen. Wir saßen in einem abgedimmten Verhörzimmer in der Justizvollzugsanstalt Berlin-Moabit, einige Wochen nach der Verhaftung. »Beschreiben Sie mir bitte Ihre früheste Kindheit. Beispielsweise Ihre Zeit in der Grundschule. Woran erinnern Sie sich da? Was waren schöne oder auch schlimme Erlebnisse? Hatten Sie damals ein unbeschwertes, ein glückliches Leben? Was würden Sie sagen, Herr Zargaran?«

Ich glaube, dass Psychologen an dieser Stelle gern irgendwelche Horrorstorys hören wollen, um ihre eigenen Thesen bestätigt zu sehen. Nämlich, dass ein schlechtes Elternhaus automatisch zu einer Karriere im Verbrechermilieu führt – und umgekehrt. Und dass eine Neigung zur Kriminalität viel unwahrscheinlicher ist, wenn man aus gut situierten bürgerlichen Verhältnissen kommt. Ich habe keine Ahnung, ob an diesen Thesen etwas dran ist, aber ich weiß, dass die Sparte

»Kindheit und Jugend« bei uns im Club immer ziemlich egal war. Hier zählte keine Vergangenheit, die nichts mit dem Club oder ähnlichen Strukturen zu tun hatte. Was zählte, war die Gegenwart. Es zählte, ob man bereit war, sich für die Brüder geradezumachen und sich an einem Freitagabend vor eine gezogene Waffe zu stellen. Es war egal, aus welchen Verhältnissen man kam und wer man früher gewesen war. Sobald man ein Hells Angel wurde, gehörte man zur Gemeinschaft. Jedenfalls dachte ich das eine ganze Zeit lang. Aber sei's drum. Denn auch wenn die Gespräche mit dem Kriminalpsychologen ebenso wie die Geschehnisse im Café Expect und der anschließende Prozess sowie meine gesamte Vergangenheit bei dem gefährlichsten Charter der Hells Angels schon eine ganze Weile zurückliegen, ist es für die Vollständigkeit meiner Geschichte tatsächlich eine gute Idee, einen Blick in die Vergangenheit zu werfen.

* * *

Geboren bin ich Anfang Dezember 1986 in Norderstedt, einer Kleinstadt nördlich von Hamburg. Ich komme aus einer klassischen Arbeiterfamilie. Mein Vater stammt ursprünglich aus dem Iran und arbeitete viele Jahre in Hamburg als Optiker, meine Mutter hat chilenische Wurzeln und war Erzieherin. Neben ihrem Vollzeitjob in einem Kindergarten arbeitete sie noch in anderen Jobs, zum Beispiel als Putzkraft, einfach damit wir nicht auf Sparflamme leben mussten und uns mal eine Jacke mehr leisten konnten. Als Optiker verdiente mein Vater nicht unbedingt schlecht, aber auch nicht gerade gut. Meine Kindheit verlief zunächst völlig normal, was ich dem Psychologen mit der braunen Hornbrille in diesem abgedimmten Verhörzimmer viele Jahre später auch erzählte. Zunächst wechselte ich nach der vierten Klasse aufs Gymnasium und war anfangs ein richtiger Musterschüler. Aber nach kurzer Zeit fingen die Probleme an. Das hatte nicht unbedingt etwas mit meiner schulischen Leistung zu tun, aber es fiel mir schwer, mich zu konzentrieren und am Unterricht teilzunehmen.

Außerdem nervte mich das Elitäre, das Gutbürgerliche am Gymnasium. Als Kind von Eltern, die nicht biodeutsch waren und jeden Cent zweimal umdrehen mussten, hatte ich das Gefühl, nicht dazuzugehören. Ich war der einzige Junge an der Schule, der nicht im SUV vorgefahren wurde und beim Aussteigen noch einen gesunden Apfel in die Hand gedrückt bekam. Ich war ein Kanacke und bekam das auch deutlich zu spüren.

Nach kurzer Zeit wechselte ich auf die Realschule. Dieser Abstieg aus der obersten Bildungselite enttäuschte meine Eltern. Aber da sie beide viel beschäftigt und kaum zu Hause waren, gab es kein großes Gespräch darüber, was bei mir wohl »falsch« lief. Es gab keine tiefenpsychologische Aufarbeitung. Es hatte halt nicht geklappt mit der Schule und das war es dann. Zwar war mein Vater immer ein fürsorglicher und verantwortungsvoller Mensch, aber er machte eben sein eigenes Ding und kümmerte sich nicht allzu sehr darum, wie ich mich entwickelte. Auch die Realschule war nichts für mich. Ich störte den Unterricht und entwickelte eine »Juckt mich nicht«-Haltung, sodass es für mich schnell auf die Hauptschule ging.

Hier sah ich das erste Mal fast ausschließlich Jungs, die genau wie ich einen migrantischen Hintergrund hatten. Zu ihnen hatte ich eine viel natürlichere Verbindung als zu den biodeutschen Apfelkindern auf dem Gymnasium. Hier bei den Kanacken-Kids fühlte ich mich schnell wohl, irgendwie passte die Verständigung auf allen Ebenen. Wir hatten von zu Hause aus nicht die coolsten Markenklamotten oder die neuesten Designerschuhe, verspürten infolge des fehlenden Wohlstands aber einen natürlichen Anreiz, etwas an unserer Situation zu ändern. Mit meiner neuen Clique hing ich damals viel in einem Jugendhaus namens »Bunker« rum, mitten in Norderstedt. Dort spielten wir Billard, fuhren, wenn wir Geld übrig hatten, zu McDonalds und versuchten den Tag in der tristen norddeutschen Einöde irgendwie rumzukriegen. Mit zu meiner damaligen Clique gehörte auch ein Junge namens Hassan, der bei uns in der Straße wohnte.

* * *

Mit Hassan fing ich das erste Mal an so richtig Scheiße zu bauen. Zusammen mit ihm und den anderen fuhr ich regelmäßig nach Hamburg und sammelte meine ersten Strafanzeigen. Was wir so anstellten? Na ja, wir zogen andere Jugendliche ab. Das war einfach. Mit Hassan und zwei oder drei anderen Jungs stellte ich mich abends vor die Spielplätze oder Jugendzentren, wartete auf ein einzelnes Opfer und sagte dann: »Taschenkontrolle.«

Die Tasche unseres Opfers wurde »kontrolliert« und wenn Geld darin war, nahmen wir es uns. Als die ersten Anzeigen reinkamen, waren meine Eltern mächtig sauer, aber richtige Konsequenzen blieben aus.

Als ich nach einem Wochenende in Hamburg mit meiner Clique montagmorgens in die Schule ging, staunten wir nicht schlecht – das Schulgelände wurde umgebaut. Unser Unterricht fand ab jetzt in einem Container statt. Der Umbau des Schulgebäudes sollte auf »unbestimmte Zeit« stattfinden, und um ganz ehrlich zu sein, war das auch das Bild, das die Lehrkräfte und die Schulverwaltung uns vermittelten. Bis auf »unbestimmte Zeit« wurden wir in einem Container verwahrt. Wir waren Müll.

Ich war 14 Jahre alt und hatte viel Wut in mir. Der Container war ein frustrierender kalter Ort. Ausgleich für meine Wut fand ich im Sport. Ich spielte schon immer Fußball, aber eines Tages, als ich gerade im »Bunker« lag und irgendein Comic las, kam Hassan auf mich zu und sprach mich an:

»Yo, Kassra. Du bist doch stabil drauf, ne?«

Ich legte den Comic aus den Händen und zuckte mit den Schultern.

Klar war ich stabil drauf, was immer er damit meinte.

»Schau mal, die Sache ist die, ich bin seit ein paar Wochen im Boxclub. Der ist nicht weit von hier. Und irgendwie mangelt es mir an ebenbürtigen Gegnern.« Er grinste. »Meint zumindest der Trainer. Hast du nicht mal Lust mitzukommen? Bisschen kämpfen und so?«

Ich hatte Lust. Und das Training fixte mich schnell an. Als ich das erste Mal mit Hassan im Boxclub war und hart gegen den schwarzen Boxsack schlug, war ich Feuer und Flamme von der Energie und Kraft, die aus meinen Fäusten kam. Nach wenigen Schlägen war ich außer Atem, meine Finger taten mir weh, der Schweiß tropfte mir von der Stirn. Ich tippelte ein wenig auf der Matte und schlug wieder gegen den Boxsack. Mann, war das geil!

Antonio, unser Trainer, der in Wahrheit natürlich niemals behauptet hatte, dass es Hassan an Gegnern fehlte, forderte mich und die anderen richtig hart. Zirkeltraining, Seilspringen, das ganze Programm. Antonio hatte Spaß daran, uns leiden zu sehen. Parallel dazu fing ich an, Gewichte zu stemmen und Krafttraining zu betreiben, um Muskelmasse aufzubauen. Der Sport half mir, meine aufgestaute Energie loszuwerden. Außerdem hatte das Training noch einen anderen Effekt. Ich wurde stärker und kräftiger und bemerkte, wie mir aus meinem Umfeld mehr Respekt entgegengebracht wurde. Kassra, so hieß es schnell auf den Straßen unserer kleinen Siedlung, war jemand, der gut zuschlagen konnte. Jemand mit Power. Dieses Bild gefiel mir besser als das von Kassra aus der beschissenen Container-Klasse. Deutlich besser.

Allerdings erledigte sich die Sache mit dem Unterricht im Container plötzlich von selbst. Als meine Klasse im Matheunterricht gegen Ende des Schuljahres irgendwelche Funktionsgleichungen durchnehmen musste und mein Lehrer mich aufforderte, nach vorn zu gehen, schüttelte ich den Kopf und sagte: »Sorry, aber ich habe keine Ahnung, wie das geht. Fragen Sie bitte jemand anderes.«

»Kassra!«, sagte mein Lehrer. »Ich habe aber dich gefragt. Geh jetzt nach vorn und rechne es vor.«

Ich blieb sitzen und wiederholte mich: »Wie gesagt, ich habe keine Ahnung. Bitte fragen Sie doch wen anderes.«

Der Bastard von Lehrer schüttelte energisch den Kopf. »Nein. Ich habe dich gefragt.« Er schritt in einer ausladenden Bewegung durch den Raum. »Oder kannst du es uns nicht vorrechnen? Ist dir das vielleicht zu schwer?«

Er versuchte seine Machtposition mir gegenüber auszuspielen und sich über mich lustig zu machen, aber ich hatte keine Lust auf solche Spielchen. Ich atmete schwer aus.

»Ganz ehrlich?«, sagte ich und spürte Wut in mir aufsteigen. »Ich habe jetzt schon zweimal gesagt, dass ich keine Ahnung habe. Nehmen Sie einfach wen anderes ran und gut ist.« Ich spürte, wie meine Hand sich zur Faust ballte, und als er weiter grinste, setzte ich nach: »Sonst fick ich dich!«

Die Miene meines Lehrers verzog sich. »Was hast du gesagt? Halt dein dummes Maul, Junge!«

Und da reichte es mir. Ich nahm das Geodreieck, das vor mir lag, stand auf und warf es meinem Lehrer an den Kopf. Das spitze Ding blieb unter seinem rechten Auge stecken. Dickflüssiges Blut trat aus der Wunde und tropfte auf den Klassenzimmerboden, der Lehrer schrie und die Klasse johlte und applaudierte. Hassan, der eine Reihe vor mir saß, drehte sich um und streckte breit grinsend seinen Daumen hoch. Wortlos schulterte ich meine Tasche und verließ den Container. Ich hatte nicht vor wiederzukommen.

* * *

Die Aktion mit dem Geodreieck brachte mir mächtig Ärger ein und war der negative Höhepunkt meiner noch kurzen Schulkarriere. Für die Lehrer war ich ab diesem Zeitpunkt nicht mehr tragbar. Auch meine Eltern waren von der Aktion alles andere als begeistert und zogen erstmalig Konsequenzen aus meinem Handeln. Mein Vater hatte das Gefühl, es läge vielleicht auch an meiner Norderstedter Clique, dass es bei mir bergab ging, und beschloss, mich ein halbes Jahr in den Iran zu Verwandten zu schicken.

Und so fand ich mich einige Wochen später mit gerade fünfzehn Jahren in einem Flugzeug in Richtung Teheran wieder. Der Flug dauerte über sieben Stunden. Ich war noch nie geflogen und blickte hinunter auf eine helle, dichte Wolkendecke, während neben mir mein Vater saß, sich in dem breiten Lufthansa-Sessel zurücklehnte und Zeitung las, als wäre das hier die normalste Situation der Welt. Für ihn war es eben eine ganz pragmatische Erziehungsmaßnahme. Die Sache war klar: Sein Sohn hatte ein beschissenes Umfeld. Ein Umfeld, das es 5500 Kilometer südlich von Hamburg so nicht geben würde. Zumindest damit sollte er recht behalten.

* * *

Im Iran erwartete mich ein Kulturschock. Die Luft war staubig, Verkehrsvorschriften gab es scheinbar nicht, überall fuhren Autos, Fahrräder und Motorräder. Die Stadt war laut, war hitzig und stickig, es herrschte überall Chaos. Teheran hatte definitiv nichts mit norddeutscher Gelassenheit zu tun. Mein Vater und ich besuchten eine

»Schwester« von ihm, wobei ich den genauen Verwandtschaftsgrad bis heute nicht genau nachvollziehen kann. Jedenfalls wohnten nebenan noch weitere Geschwister, dann noch andere Tanten und weitere Cousinen und Cousins. Ich kannte diese Menschen, die offenbar meine Verwandten waren, überhaupt nicht und hatte sie in meinem Leben vielleicht nur einmal als Kleinkind gesehen. Aber jetzt war ich trotzdem hier. Und sollte es erst mal bleiben. Zumindest war das der Plan meines Vaters.

Nach wenigen Tagen flog er wieder zurück und ich arbeitete im Gemischtwarenladen meines Onkels. Mein Onkel betrieb den Laden mitten in Teheran, ähnlich einem Kiosk oder Späti. Hier konnte man Lebensmittel, Obst, getrocknete Gewürze, aber auch Seifen, Waschmittel und alles Mögliche kaufen. Na super! Jetzt saß ich also allein im Iran fest, und anstatt im Jugendhaus oder im Boxclub abzuhängen, verkaufte ich in einer fremden Sprache Datteln. Nicht gerade meine Traumvorstellung. Dazu kamen die fast fremde Sprache und die fremden Menschen um mich herum. Was für ein Abfuck. Der kulturelle Unterschied zwischen Hamburg und Teheran war ziemlich heftig, aber irgendwann versuchte ich das Ganze als Abenteuer zu begreifen, es vielleicht sogar zu genießen. Über die Wochen stellte ich mir einfach vor, das hier sei ein verlängerter Ausflug – nichts weiter.

* * *

Nach etwa sechs Monaten holte mich mein Vater wieder ab. Urplötzlich stand er im Gemischtwarenladen, in dem ich gerade die Regale einräumte, klopfte mir von hinten auf die Schulter und sagte: »Hey, Kassra. Sieht gut aus, wie du das machst. Übrigens: In fünf Tagen fliegen wir wieder zurück. Du kannst dich schon mal langsam verabschieden.«

Im Nachhinein bin ich mir sicher, dass mein Vater mir mit diesem Trip klarmachen wollte, was für Möglichkeiten ich in Deutschland hatte, wenn ich mir nur richtig Mühe gab. Was für Chancen es dort gab, während ich im Iran höchstens im Gemischtwarenladen meines Onkels arbeiten konnte. In Deutschland konnte ich die Schule weitermachen, im Zweifel über einen zweiten Bildungsweg, eine solide Ausbildung anfangen und einfach ein ganz normales Leben führen.

Ja, klar, das alles würde ich in Deutschland ganz sicher machen.

# Das Rotlicht und der Jugendknast

»Was geht, Kassra? Lange nicht mehr hier gesehen. Wie war es denn bei der Verwandtschaft im Süden?« Hassan nickte mir in der Umkleide des Boxstudios zu, als ich einige Monate nach meiner Ankunft wieder auftauchte und meine Sporttasche zwischen den Holzbänken abstellte. In der Umkleide roch es nach Schweiß und altem Gummi.

»War schon okay«, antwortete ich missmutig und suchte mir ein frisches T-Shirt. »Na ja. Also um ehrlich zu sein …« Ich drehte mich zu Hassan. »Es war schon ein ziemlicher Abfuck. Aber lass mal lieber trainieren jetzt.« Ich griff wieder in die Tasche und holte meinen mitgebrachten Boxhandschuh raus. »Und bei dir? Was läuft hier so?«

Hassan winkte ab. »Ach, das Übliche. Nichts Besonderes.«

Ich nickte. Bei mir sah das anders aus. Nach meiner Rückkehr hatte die Schule entschlossen, mich aufgrund meiner »körperlichen Attacke auf eine Lehrkraft«, wie es in dem offiziellen Schreiben hieß, nicht mehr am Unterricht teilnehmen zu lassen. Einige Wochen hatte ich gar nichts getan, dann war ich zum Jugendaufbauwerk nach Hamburg gegangen. Hier konnte ich meinen Hauptschulabschluss nachholen und gleichzeitig die Vorbereitung zu einer Lehre absolvieren.

Das war zunächst der Plan. Ich entschied mich für eine Lehre zum Koch, aber schmiss das Praktikum in einer Großküche nach wenigen Wochen, weil ich keinen Sinn darin sah, mich morgens von irgendwelchen Hilfskräften anbrüllen zu lassen. Und so hatte sich bei mir eine Perspektivlosigkeit eingestellt, die alles einzunehmen drohte. Ich war jetzt ein abgefuckter Jugendlicher aus Norderstedt ohne Schulabschluss und ließ meinen Frust darüber, zumindest für heute, am Boxsack aus.

* * *

Nach dem Training schlenderte ich mit Hassan über den Parkplatz des Boxstudios. Wir sprachen über die letzten Tage und Wochen, als plötzlich mit quietschenden Reifen ein Wagen um die Ecke bog und wenige Meter vor uns haltmachte. Dampf stieg aus der Kühlerhaube, es roch nach Benzin und verbranntem Reifengummi. Hassan und ich staunten nicht schlecht, denn das Auto war eine nagelneue tiefergelegte BMW 7er Limousine mit blauer Unterbodenbeleuchtung. Ein Wagen, wie wir ihn höchstens aus der amerikanischen TV-Serie »Pimp my Ride« kannten, die damals auf MTV lief. Ein richtiges Killerauto. Englischsprachiger Hip-Hop dröhnte aus den Autoboxen. Dann ging die Fahrertür auf.

»Was geht ab, Jungs«, hörten wir eine vertraute Stimme sagen.

Vor uns stand Yasin, einer der älteren Jungs aus unserer ehemaligen Jugendclub-Clique. Yasin hatte eine charismatische, einnehmende Art. Wenn jemand gut mit Mädels konnte, dann er.

»Lange nicht gesehen! Hassan, Kassra, alles gut bei euch beiden?«

Yasin strich sich mit der linken Hand über seine zurückgegelten Haare. Dabei erkannte ich ein goldenes Armband von Cartier, das er an seinem linken Handgelenk trug. Das Armband sah verdammt teuer aus. Außerdem fiel mir auf, dass Yasin, obwohl es bereits nach 20 Uhr und dunkel war, eine Sonnenbrille der Marke Cazal mit vergoldetem Rand trug.

»Klar, alles gut. Aber was geht denn bei *dir*, Yasin?«, fragte Hassan und deutete auf seinen Wagen und ihn selbst, während ich immer noch bewundernd auf das goldene Cartier-Armband schaute.

»Alles locker«, sagte Yasin betont lässig, warf den Kopf in den Nacken und lachte.

»Ist ein heftiger Wagen«, sagte ich.

»Danke, danke«, erwiderte er. »Aber ist doch nur Metall. Wie geht's dir, Kassra? Hab gehört, du warst im Iran, oder so?«

Ich winkte ab. »Jaja, aber nicht so wichtig. Und du? Was machst du so? Hast du im Lotto gewonnen, oder was ist los?«

Yasin schüttelte den Kopf.

»Nee, Dicker. Ich mach jetzt Geschäfte. Reeperbahn. Hamburg, St. Pauli. Ihr wisst schon.« Er machte eine kleine Kunstpause, bevor er uns verriet, womit er sein Geld verdiente. »Na ja. Ich arbeite im Rotlicht. Als so eine Art Türsteher vor allem. Da lässt sich gut Kohle machen.«

Wir nickten anerkennend. Das klang krass, und sein Auftritt faszinierte uns. Er kam hier vor das Boxstudio gefahren und wirkte wie ein norddeutscher Pimp. Wir standen weiter auf dem Parkplatz und schwiegen, während die Musik aus den Autoboxen ungeachtet der Stille zwischen uns weiterlief. Sein goldenes Cartier-Armband glitzerte in der Dunkelheit.

»Ey, Jungs«, sagte Yasin plötzlich. »Passt mal auf, ich fahr jetzt gleich eh rüber zu dem Laden auf der Reeperbahn. Quasi in mein Büro. Habt ihr vielleicht Bock, mitzukommen und euch das mal anzusehen? Das ist vielleicht was für euch …«

* * *

Zehn Minuten später saß ich auf dem Rücksitz einer BMW 7er Limousine in Richtung Hamburg. Hassan saß auf dem Beifahrersitz und drehte das Soundsystem voll auf. Yasin drückte das Gaspedal durch, der Wagen beschleunigte, die weißen Fahrbahnmarkierungen auf dem Asphaltboden rauschten im Kegel des Scheinwerferlichts dahin. Ohne dass ich es wirklich mitbekam, fuhr ich mit Yasin und Hassan in einen völlig neuen Lebensabschnitt.

* * *

Die kriminelle Halbwelt auf der Hamburger Reeperbahn und das Rotlichtmilieu im Kiez folgen ihren eigenen Gesetzmäßigkeiten, ihren eigenen Regeln. Vielen Menschen, die damit nichts zu tun haben, erschließt sich diese düstere Welt kaum bis gar nicht – und das ist auch gut so. Für mich als Teenager war diese erste Autofahrt nach Hamburg der Einstieg ins Milieu.

Mein Kumpel Yasin arbeitete in einem Bordell. Aber nicht als Türsteher in dem Sinne, dass er vorn an der Tür stand und wie bei einer normalen Diskothek die Ausweise der Touristen kontrollierte oder prüfte, ob jemand überhaupt zur Klientel passte. Yasin war in dem Laden, der von außen nicht gut einsehbar und auf Google Maps und TripAdvisor nicht gelistet war, für einiges mehr zuständig.

In dem Bordell befand sich, auf der Rückseite des Hauptraumes, eine Art Theke, die von vorn vergittert war. Der Job von Yasin war relativ einfach: Im Laufe des frühen Abends kamen Prostituierte und zahlten eine Tagesmiete von 150 Mark. Nach der Zahlung gab Yasin ihnen den Schlüssel für ihr Zimmer, und sie warben auf der Straße Freier an, die sie herbrachten und von denen sie im besten Fall das Doppelte oder noch mehr Geld verlangten. Manchmal hatten sich die Prostituierten auch bereits vorher verabredet und trafen sich jetzt in einem der angemieteten Zimmer. Der gut aussehende Yasin war aber nicht nur Türsteher und Portier, sondern auch für die Sicherheit der Damen zuständig. An dem Abend, als Yasin uns das erste Mal herbrachte, stellte ich mich hinter ihn an den Tresen und beobachtete seine Arbeit. Die Prostituierten, die ihre Miete zahlten, umarmten ihn zur Begrüßung und nannten ihn »Schatzi«, er machte Späße mit ihnen und irgendwie gefiel mir dieses Etablissement und die Spannung, die dort herrschte.

Der Laden lag, wie bereits beschrieben, etwas abseits der Reeperbahn und zog somit auch seltsame, düstere Gestalten an. Triebtäter auf Freigang, zugekokste Geschäftsmänner, die glaubten, sich alles kaufen zu können, oder Touristen aus Übersee, denen alles egal war. Hier wurden Menschen reingespült, die alkoholisiert, betrunken, verwirrt oder alles gleichzeitig waren. Dicke Geschäftsmänner mit Krawatte gingen ihren Ehefrauen fremd und zahnlose Hafenarbeiter, die kaum Deutsch sprachen, suchten die Wärme und die Nähe einer fremden Frau. Ich roch das billige Parfüm der Prostituierten, bekam mit, wie Yasin am ersten Abend direkt einen betrunkenen australischen Touristen vor die Tür setzte, und fühlte mich in dieser Umgebung von der ersten Sekunde an wohl. Hier war Action! Hier passierte was! Das hier war nicht das langweilige Jugendzentrum in Norderstedt, sondern das echte Leben.

Neben dem normalen »Gehalt«, das Yasin bekam – selbstverständlich in bar –, gab es noch einige Frauen, auf die er »besonders aufpasste«, wie er es nannte. Sie mieteten regelmäßig ein Zimmer und wenn sie abseits des Ladens Probleme hatten, riefen sie Yasin an. Er kam dann vorbei und klärte die Situation. Konkret sah das so aus, dass er nachts mit seinem BMW durch Hamburg fuhr, aggressive Freier zur Rede stellte oder betrunkene Studenten dazu brachte, den nächsten Geldautomaten aufzusuchen, um für den Spaß, den sie gehabt hatten, auch zu bezahlen.

An meinem ersten Abend blieb ich bis fünf Uhr morgens in Hamburg. Am Ende seiner Schicht fuhr Yasin mich zurück und setzte mich vor der Wohnung meiner Eltern ab.

»War krass, Mann«, sagte ich, als ich ihn zum Abschied umarmte. »Ich glaube, ich komme öfter mal vorbei.«

* * *

Und so geschah es auch. Im Laufe der ersten Woche wurde ich zunächst so etwas wie Yasins Stellvertreter im Bordell, später dann sein direkter Kollege. Der Laden hatte Hochkonjunktur und der Besitzer, den ich nie zu Gesicht bekam, ließ über Yasin ausrichten, ich könne, wenn ich wollte, dort arbeiten. Ich willigte ein und war jetzt also in einer Art festen Anstellung beschäftigt. Damals war ich erst 16 Jahre alt, also eigentlich fast noch ein Kind, aber quasi über Nacht wurde dieses Milieu nun meine Welt. Die Tage waren kurz, die Nächte umso länger. Wenn ich frühmorgens nach Hause kam, schlief ich meist bis zum frühen Abend und wartete dann, dass Yasin mich mit seinem Wagen abholte und wir gemeinsam zur Arbeit runter nach Hamburg fuhren.

Nach dem Frust in der Schule und meiner allgemeinen Perspektivlosigkeit wurde der Laden für mich das Tor zu einer neuen Welt. In Hamburg verdiente ich gutes Geld, lud meine Freunde aus Norderstedt regelmäßig zu McDonalds ein und verballerte mein Geld in Nachtclubs, in die ich reinkam, weil ich die Türsteher kannte. Das war noch so eine Sache, die mich am Rotlicht und am Nachtleben faszinierte: die schnellen, unkomplizierten Connections. Man kannte sich einfach nach einer gewissen Zeit. Vielleicht nur oberflächlich, echte Bindungen gab es in dieser Art von Branche eben nicht, aber das war mir herzlich egal. Es war mir sogar ganz recht. Denn während andere in meinem Alter in überfüllten Callcentern arbeiteten oder Zeitungen austrugen, feierte ich nach Feierabend noch in den bekanntesten Hamburger Nachtclubs, immer in dem Wissen, dass mich niemand rausschmeißen würde, weil ich die richtigen Leute kannte.

Aber, und das lässt sich an dieser Stelle auch nicht von der Hand weisen: Das Rotlicht und der Umgang in diesem Milieu veränderten meinen Charakter. Es gab nicht selten Stress und ich musste mich behaupten. Meine Muskelkraft zahlte sich zwar aus, aber ich wurde auch immer aggressiver und schneller reizbar. Gab es Stress, war ich bereit zuzuschlagen. Diese Entwicklung war es auch, die mich im Dezember 2005 in eine Situation brachte, die meinen weiteren Lebensweg stark beeinflusste.

* * *

Das Ganze passierte an einem kalten Sonntagmorgen, ungefähr zwei Wochen vor Weihnachten. Ich war nach meiner Schicht noch auf einer Party gewesen, hatte mich aber, entgegen meinen sonstigen Gewohnheiten, früh verabschiedet. Normalerweise hätte mich Yasin nach Hause gefahren, aber er wollte unbedingt noch bleiben. Also fuhr ich zur Abwechslung mit der Bahn von Hamburg nach Norderstedt. Als ich in die Bahn einstieg und mich in einen leeren Vierersitz setzte, bemerkte ich einen schlaksigen Typen in einem langen schwarzen

Mantel. Er hatte seine linke Hand in einer Handschlaufe und glotzte mich blöd an. Kannte ich den? Was wollte der?

»Was ist los?«, fragte ich. Und setzte gleich nach: »Kenn ich dich?«

Der Typ im Mantel sagte nichts, sondern starrte mich nur weiter an. Er schüttelte den Kopf.

»Habe ich deine Freundin gefickt, oder was? Glotz nicht so!«

»Pass auf, wie du redest!«, sagte er.

Ich musste lachen. »Junge, die Bahn hier ist leer, du glotzt mich an und drohst mir jetzt, was ist denn bei dir verkehrt?«

Ich schüttelte den Kopf und stieg an der Endstation aus. Gedanklich war ich bereits zu Hause und lag im Bett, als mich plötzlich ein stechender Schmerz am gesamten Körper durchfuhr. Ich spürte eine Faust in meinem Nacken, strauchelte nach vorn auf den schneebedeckten Weg, konnte aber gerade so mein Gleichgewicht halten. Wut stieg in mir auf, als ich mich umdrehte und den schlaksigen Typen mit dem Mantel sah. Meine Halsschlagader pochte. Das reichte! Ich holte aus und schlug ihm mit meiner Faust ins Gesicht. Er schrie, strauchelte, aber ging nicht zu Boden, sondern rannte den verschneiten S-Bahn-Aufgang hoch. Von dort oben spuckte er auf mich. Seine gelbe Rotze traf mich mitten ins Gesicht. Jetzt war es endgültig vorbei. Wie in Trance griff ich in meine rechte Hosentasche und spürte den ledernen Griff des Butterfly-Messers, das ich mir vor einigen Wochen von einem zwielichtigen Dealer in Hamburg organisiert hatte. Die nächsten Sekunden nahm ich nicht mehr richtig wahr, aber kurz nachdem er mich angespuckt hatte, lag der Typ im Mantel vor mir im Schnee. Blut tropfte von dem Messer. Er hatte Stichwunden im Oberschenkel.

* * *

Am nächsten Tag klingelte die Polizei bei meinen Eltern. Sie sprachen nicht viel, als die Beamten mich mitnahmen. Unglücklicherweise war der Kerl im Mantel ein junger Polizist gewesen, wie ich später vor Gericht erfuhr. Seine Verletzungen waren zwar nicht schwerwiegend, aber ich war dran wegen Körperverletzung. Der Jugendrichter sah mich mit ernstem Blick an, als er das Urteil verkündete: dreieinhalb Jahre Jugendknast. Zwar war der Junge nicht schwer verletzt, aber ich war wegen ein paar anderen Delikten bereits vorbestraft und dem Jugendrichter reichte es nun mit mir. Nach der Urteilsverkündigung sackte ich auf der Anklagebank zusammen. Jetzt ging es für mich in die Justizvollzugsanstalt nach Neumünster. Ich verließ das Gerichtsgebäude, setzte mich wie betäubt auf den Bordstein und vergrub mein Gesicht in den Händen.

* * *

Bei der Verhängung von Jugendstrafen geht es vor allem darum, jugendliche Gewalttäter zu resozialisieren. Deshalb wurde auch im Jugendknast in Neumünster versucht, mir so etwas wie eine soziale Struktur zu geben. Ich lernte andere Jugendliche kennen, spielte mit ihnen

Fußball und Basketball und versuchte mich von jedem Konflikt fernzuhalten und mich mit meiner Situation zu arrangieren. Die Mauern der JVA Neumünster waren hoch, es gab keinen Freigang für mich, dafür konnte ich gelegentlich im Hof spazieren gehen. Mir war klar, dass ich Scheiße gebaut hatte und es einen Grund gab, warum ich dort war. Die Messerattacke war unnötig gewesen, und als ich rauskam, hatte ich erst mal keine Lust, die Knastmauern jemals wieder von innen zu sehen.

Ich wusste, dass das Rotlicht keine langfristige Option für mich war, andererseits: Was sollte ich sonst machen? Ich lag schlaflos in meinem Jugendzimmer in Norderstedt und versuchte mich daran zu erinnern, was mir eigentlich jemals beruflich Spaß gemacht hatte.

Plötzlich fiel es mir wie Schuppen von den Augen: Eigentlich hatte mir das Praktikum in dieser Großküche schon ganz gut gefallen. Bevor in der Schule alles scheiße wurde und ich die Ausbildung geschmissen hatte. Vielleicht könnte ich in diesem Bereich etwas machen?

Von meinem Jugendzimmer aus schrieb ich meine ersten Bewerbungen und war frustriert über die zahlreichen Absagen, die mich erreichten. Aber ich nahm diese Absagen als Herausforderung, noch mehr Bewerbungen zu schreiben. Irgendwann musste es doch klappen!

Einige Tage später, nachdem die nächste Absage für eine Kochausbildung hereingeflattert kam, fuhr ich mal wieder mit Hassan und Yasin nach Hamburg. Wir waren in Yasins Wagen unterwegs und nachdem er seine Schicht beendet hatte, zogen wir noch durch einige Bars und landeten schließlich in einer türkischen Diskothek.

Die Stimmung war ausgelassen, es lief Balkanmusik, und Yasin und ich feierten uns ziemlich ab. An der Bar sprach mich plötzlich eine große schlanke Frau mit brünetten Haaren an: »Trinkst du nur Red Bull?« Sie hob eine Augenbraue und blickte auf den Energydrink in meiner Hand.

Ich nickte und grinste sie an: »Ja. Ich habe aber eben auch eine komplette Flasche Wodka geext. Da brauche ich was zum Nachspülen.«

Sie zuckte kurz zusammen.

»War nur ein Spaß«, sagte ich und prostete ihr mit meinem Red Bull zu. »Ich bin Kassra. Und dein Name war …?«

So lernte ich Lisa kennen.

Lisa war bis dahin vielleicht der erste Mensch außerhalb meiner Familie, dem ich mich ganz öffnete. Wir verbrachten viel Zeit miteinander und sprachen völlig ungezwungen über alles, was uns beschäftigte und bewegte. Schließlich zogen wir in die Wohnung ihres Großvaters nach Hamburg. Wir kauften neue Möbel, renovierten die Zimmer und machten es uns richtig gemütlich. Während des Umzugs schaute ich aus Reflex noch mal in den Briefkasten meiner alten Wohnung und fand den Brief eines Hamburger Hotels. Es war eine Einladung zu einem Vorstellungsgespräch in der Küche ihres Restaurants.

Jetzt schien alles zu laufen. Ich bekam die Ausbildungsstelle als Koch in einem Hotelrestaurant direkt an der Elbe. Ich hatte eine Freundin, eine Wohnung, einen Job, und noch etwas anderes passierte kurze Zeit später. Als ich spätabends von der Ausbildung wiederkam, überreichte mir Lisa freudestrahlend ein Foto. Ich blickte darauf und sah das Ultraschallbild eines Embryos. Das erste Bild meiner Tochter. Ich würde Vater werden.

* * *

Trotz all des Schönen, das uns in dieser Zeit passierte, fehlte es uns an etwas Existenziellem: Geld. Lisa arbeitete als Kosmetikerin und verdiente wenig. Und auch ich wurde in meiner Ausbildung nicht gerade mit Reichtum überschüttet. Das zweite Lehrjahr war nicht einfach, denn nach einem guten ersten Einstandsjahr hatten sich die beiden Besitzer auf mich eingeschossen. Aus Langeweile riefen sie mich manchmal »Türke« oder »Ausländer«, was mir im Prinzip egal gewesen wäre - wenn überhaupt war ich wahlweise Halb-Iraner oder Halb-Chilene –, aber diese vorsätzliche Respektlosigkeit ging mir krass auf die Nerven. Was dachten die beiden, wer sie waren? Sie schikanierten mich, ließen mich Gewürze suchen, die es gar nicht gab, und fanden es lustig, wenn ich verwirrt im Lager herumwühlte.

Ich sprach diese Dinge offen an und war sogar so professionell, die Betriebsleitung des Hotels zu informieren, dass ich »mit dem Arbeitsklima sehr unzufrieden« sei. Aber das brachte alles nichts. Die Tage in Hamburg begannen sich in frustrierender Weise zu ähneln. Ich ging genervt zur Arbeit, kam frustriert nach Hause und spürte, wie der wütende Jugendliche in mir wieder hochkam. Außerdem kratzte an meinem Ego, dass ich meiner Familie finanziell nicht mehr bieten konnte als mein mickriges Ausbildungsgehalt.

Wenn ich übermüdet von den Schichten zurückkehrte, lag ich noch lange wach und starrte aus dem Fenster. In mir machte sich eine Unruhe breit, die alles zu übernehmen schien. Ich musste noch mindestens zwei weitere Jahre für diesen Hungerlohn arbeiten. Und danach? Wie sah eigentlich meine Zukunft aus?

In dem Betrieb, in dem ich jetzt war, würde ich ganz sicher nicht bleiben. Und überhaupt: Wollte ich wirklich Koch werden? Mich mein Leben lang mit Kochtöpfen, heißen Soßen und brüllenden Chefs herumschlagen? Um vielleicht selbst einmal ein brüllender Chef zu werden, der die nächste Generation von Azubis durch die Gegend scheuchte und nach Gewürzen oder Soßen verlangte? Wie sollte das weitergehen?

Ich wusste es nicht. Aber ich wusste, dass ich am nächsten Tag wieder zur Schicht antreten musste. Immer wieder zur nächsten Schicht. Der Ausländer musste liefern und die Gäste bekochen.

* * *

»Yo, Kassra, kommst du mit eine rauchen?«

Nachdem ich vor Dienstantritt stundenlang aus meinem Küchenfenster gestarrt und über die Zukunft nachgedacht hatte, stand Axel neben mir. Ein blasser, netter Kerl mit feuerroten Haaren und Sommersprossen, mein Azubi-Kollege. Ich schaute vom Schneidebrett hoch, auf die große weiße Uhr, die über uns hing. Es war Samstagfrüh, 3:30 Uhr. Wir hatten gemeinsam Spätschicht und bereiteten gerade das Sonntags-Frühstücksbuffet und einige Soßen vor.

Ich nickte und wir gingen zum Mitarbeitereingang. Von hier aus konnte man die Elbe sehen. Das Halbmondlicht spiegelte sich in den ruhigen Wellen. Axel zündete sich seine Zigarette an und atmete den Rauch aus. Er wusste, dass ich nicht rauchte, aber eine Pause mehr war eben eine Pause mehr. Axel öffnete den Mund und wollte irgendwas erzählen, als plötzlich …

WRUUUUUUUM!

Ein lauter Motor war zu hören. Wir schauten um die Ecke und sahen ein dunkelrotes Porsche Cabriolet mit offenem Verdeck. Der Fahrer hatte kurz beschleunigt und fuhr jetzt wieder langsamer. Ich schaute aufs Auto und sah ein vertrautes Gesicht. Das war doch nicht etwa … Ich blinzelte und starrte auf das Auto. Doch! Das war er! Das war ganz sicher Yasin. Wohl mit einem neuen Wagen. Hinter Yasin in seinem dunkelroten Porsche fuhr ein zweiter Wagen. Ein schneeweißer Mercedes. Dahinter ein Maserati in Giftgrün. Das waren alles Jungs aus dem Rotlicht, die hier ihre schnellen Wagen ausfuhren und die Nacht feierten.

Ich schüttelte den Kopf.

»Scheiße, hast du das gesehen?«, fragte Axel. Er schien wahnsinnig beeindruckt zu sein. »Wie geil ist das denn? Die Jungs geben richtig Gas. Hast du die Autos gesehen? Den Maserati in grün? Wer fährt denn so was?«

»Ja, habe ich gesehen«, antwortete ich.

»Das ist ja der Hammer! Geiles Auto, würde ich auch mal fahren!«

»Hm, ja, verstehe«, antwortete ich kurz und knapp.

* * *

Kurze Zeit später stand ich wieder vor dem Schneidebrett und schnitt eine Zwiebel in kleine Würfel. Vor meinem inneren Auge sah ich Yasin und die anderen an der Küche vorbeifahren. Was sie heute Nacht wohl noch so trieben? Die Zwiebel rutschte mir weg, ich fixierte sie mit meiner linken Hand, an der sich immer noch kein goldenes Cartier-Armband befand. Ich war neidisch. Die Jungs cruisten durch die Dunkelheit, waren die Könige der Nacht, machten ihre Rotlichtjobs, fuhren ihre Wagen aus – und ich?

Ich krebste mit 300 Euro im Monat rum. Ich erledigte Trottel-Arbeiten, damit andere etwas zu essen hatten. Das war doch scheiße. Die Zwiebel rutschte wieder weg und ich schnitt mir zu allem Überfluss auch noch in den Finger. Dickflüssiges Blut trat aus und färbte das Holzbrett rot. Ich seufzte und griff zu einem Pflaster.

»Alles okay, Mann?«, fragte Axel.

»Na klar«, sagte ich. »Alles okay.«

* * *

Ein paar Wochen später, im Herbst 2010, eskalierte es am frühen Morgen im Hotelrestaurant. Meine beiden Chefs kamen zu Axel und mir in die Küche. Es ging um eine Sonntagsschicht, die ich auf gar keinen Fall machen wollte, weil ich da schon mit meiner Familie verabredet war. Stoll, der dickere, größere und ältere meiner Chefs, sprach mich an.

»Na, mach schon, Kassra, wir brauchen dich am Sonntag!«

Ich schüttelte den Kopf. »Kein Chance, Chef. Keine Chance.«

»Ihr Ausländer müsst doch nicht in die Kirche am Sonntag. Was hast du denn schon zu tun?«, erwiderte er.

Meinte er das ernst?

»Ich habe Familie«, sagte ich kurz angebunden, aber gereizt.

»Na, hör sich das einer an, der Molukke hat Familie! Ich sehe hier aber nur einen einzigen Esel für uns arbeiten und das bist du!«

Stoll lachte ein dreckiges Lachen und diesmal reichte es mir. Ich griff zu einem gefüllten Glas Wasser, das neben dem Spülbecken stand, und warf es ihm ins Gesicht. Stoll prustete und schnappte nach Luft. Damit hatte der dicke Bastard wohl nicht gerechnet.

»Raus mit dir!«, schrie er und zeigte demonstrativ auf den Küchenausgang. »Lass dich hier nicht wieder blicken, du dumme Sau!«

»Nichts lieber als das«, sagte ich und warf meine Kochschürze weg. »Ist eh ein Scheißladen hier.«

Axel, der Rotschopf, blieb ganz ruhig und rührte sich nicht.

* * *

Kurze Zeit später stand ich vor dem Eingang des Hotels und schüttelte mich. Zwar war es keineswegs kalt, aber mir war, als würde ich durch dieses Schütteln auch einen Teil meiner Vergangenheit loswerden. In diesem Moment, als ich mich in der herbstlichen Mittagssonne zu Fuß in Richtung meiner Wohnung aufmachte, endete meine Ausbildung. Und das war okay so. Es gab hier keinen Respekt, kein Geld, nichts, was mich weiterbrachte.

Trotzdem wurde ich nachdenklich.

Ich war jetzt 24 Jahre alt, aber fühlte mich nirgends richtig angekommen. Ich hatte das Gefühl, immer nur ein Dienstleister zu sein. Nie ging es um meine Fähigkeiten, ständig musste ich in einem vorgegebenen Rahmen funktionieren. Ich stand schon wieder an einem Anfang und wusste nicht, wie es weitergehen sollte. Ich kam mir wie ein Idiot vor. Unfähig, meinen Kram hinzukriegen und meine Familie zu ernähren. Ein früher Schulabgang, eine Runde in den Jugendknast, jetzt die geschmissene Ausbildung. Es war wirklich nicht viel, was ich vorzuweisen hatte.

Kurz vor meiner Wohnungstür setzte ich mich an die Elbe. Ich warf einen Stein ins Wasser und beobachtete, wie er langsam unterging. Ich musste herausfinden, wer ich war und was ich wollte. Ich brauchte dringend einen Platz in dieser Gesellschaft.

# Kiel und die »Legion 81«

Die Sache mit der geschmissenen Ausbildung erklärte ich Lisa kurz und knapp. Was sie genau dazu sagte, interessierte mich allerdings nicht wirklich. Sie spülte gerade das Geschirr, als ich ihr die Fakten offenlegte, und griff kommentarlos und ohne mich eines Blickes zu würdigen zum Handtuch.

Unsere Beziehung hatte sich schon seit ein paar Monaten gewandelt. Wir stritten uns immer häufiger, meistens über Kleinigkeiten, und wenn wir uns einmal nicht stritten, versuchten wir uns aus dem Weg zu gehen. Die Kleine liebten wir beide, sie war vielleicht auch der Grund, warum wir uns nicht trennten. Wir ließen unsere Beziehung einfach weiterlaufen, aber insgesamt war ich froh, wenn ich mal für ein paar Stunden nicht zu Hause war.

Nach dem Rauswurf aus der Hotelküche hatte ich schnell entschieden, was ich zukünftig machen wollte, und mir einen Plan zurechtgelegt. Scheiß auf die anderen. Scheiß auf die Gesellschaft, die in mir immer nur den Kanacken sah, den Typen, den man rumschubsen konnte. Ich wollte etwas anderes. Ich wollte mit einem tiefergelegten BMW durch die Straßen Hamburgs fahren. Ich wollte das goldene Cartier-Armband. Ich wollte wieder ins Rotlicht einsteigen. Und diesmal richtig.

* * *

Einige Tage nach dieser Entscheidung ging ich in einer Seitenstraße der Reeperbahn spazieren. Der Morgen mit Lisa hatte giftig begonnen, also hatte ich mich früh von zu Hause losgemacht. Mittlerweile war es November geworden. Die letzten gelben Ahornblätter wehten durch die Straßen und ich zog meinen schwarzen Parka enger. Ich hatte sporadisch alte Kontakte angeschrieben und mir für das Wochenende einen ersten Job klargemacht. An derselben Tür, an der ich vor einigen Jahren bereits gearbeitet hatte. Alles war wieder auf Anfang gesetzt.

»Kassra?! Bist du das?«

Ich drehte mich um und schaute in ein vertrautes Gesicht. Vor mir stand Marvin, ein schwergewichtiger Glatzkopf aus Kiel, der seit unserer letzten Begegnung noch ein paar Kilo zugenommen hatte. Er kam freudig und mit weit geöffneten Armen auf mich zu.

»Kassra, was geht?«

»Lange nicht gesehen«, sagte ich und umarmte ihn.

Er löste sich von mir, sah mich an und sagte: »Stimmt, lange nicht gesehen.«

Marvin war eine dieser typischen Milieubekanntschaften, die man eben hat, wenn man im Rotlicht arbeitet. Er war kein richtiger Freund, eher ein flüchtiger Bekannter. Niemand, mit dem ich ein großes Geheimnis geteilt hätte, aber jemand, den ich eben kannte und der seinerseits ein paar andere Leute kannte. Jemand, der zu meinem eigenen Netzwerk gehörte und nicht zu einem anderen, was im Nachtleben schon ein großer Vorteil sein kann.

Marvin arbeitete damals an der Tür in einem etwas bekannteren Bordell auf der Reeperbahn und war mir in den letzten Jahren sympathisch gewesen, wann immer wir uns begegnet waren. Vielleicht lag es an seiner unverstellten norddeutschen Schnoddrigkeit.

»Was treibst du denn so gerade?«, fragte er. »Hab gehört, du bist jetzt Koch oder so was?«

Ich schüttelte den Kopf.

»Nee, Alter. Das war mal. Aber gut, dass ich dich hier treffe. Hör zu, die Sache ist die, ich will wieder einsteigen ins Rotlicht. Diesmal komplett. Am Freitag habe ich einen Job in dem alten Laden von Yasin. Du erinnerst dich sicher, oder? Vielleicht kannst du mir noch was anderes klarmachen?«

Marvin rümpfte seine übergroße Nase, trat einen Schritt an mich ran und griff mir mit der rechten Hand an die Schulter. Er atmete schwer aus und senkte die Stimme.

»Ich will ganz ehrlich zu dir sein, Kassra. Ich finde, du passt nicht mehr rein in diesen Laden. Irgendwie ist das … sei mir nicht böse, aber … als wärst du hängen geblieben, wenn du jetzt zurückgehst.«

Ich zuckte mit den Schultern. Aha. Und jetzt? Was wollte mir der Penner sagen?

Marvin sprach nicht weiter, sondern musterte meinen rechten Oberarm.

»Du machst viel Kraftsport, oder? Boxt du noch?«

Ich nickte gelangweilt. »Ja, bisschen. Wieso? Willst du, dass ich bei dir im Bordell auftauche und mit ein paar Jungs kuschele, oder was ist los? Stehst du jetzt auf Männer oder nur auf Muskeln?«

Marvin lachte. »Haha, nein. Aber hör mal zu.« Er trat noch einen Schritt näher an mich heran und sprach noch leiser. »Ich bin seit ein paar Monaten Mitglied bei einer Supporter-Gruppe der Kieler Hells Angels. »Legion 81«. Das sind alles stabile Jungs. Und jetzt auch nicht so Alt-Rocker, die sonntagabends mit ihren grauen Vollbärten eine entspannte Runde auf ihren verrosteten Mofas fahren und beim Eierkraulen AC/DC hören. Da sind viele Kanacken aus dem Kiez drin, Jungs wie wir. Es ist eine echt korrekte Gemeinschaft mit Werten und Regeln, und es geht sehr brüderlich zu. Und es kann dir auch für Connections hilfreich sein. Egal, was du machen willst. Ich mein es ernst, Kassra.«

Ich schaute Marvin einige Sekunden an. Er rührte sich nicht, sondern erwiderte meinen Blick. Eine Supporter-Gruppe der Hells Angels? Das klang gar nicht mal so schlecht. Von dem weltweit bekannten Rockerclub der Hells Angels hatte ich natürlich schon gehört. Vor allem während meiner ersten Zeit im Rotlicht. Und natürlich über die Medien. Etwa um 2010 herum verging kaum eine Woche, in der nicht über einzelne Charter, also regionale Abspaltungen der Vereinigung berichtet wurde. Vor ungefähr einem Monat war ein Mitglied der Duisburger Hells Angels zu elf Jahren Haft verurteilt worden. Aus einem fahrenden Auto hatte er auf sein Opfer, ein Mitglied der verfeindeten Bandidos, geschossen. Das fand ich schon krass. Diese Typen waren knallhart und allen in der Türsteher- und Rotlichtszene ein Begriff.

Es gab in Hamburg kaum eine Tür, wo die Mitglieder dieser Rockerbande nicht eingelassen wurden. Außerdem kontrollierten sie einige der Clubs. Die Hells Angels waren eine unsichtbare Supermacht in dieser und vielen anderen Städten. Das waren Typen, über die man öffentlich nicht unbedingt gern sprach und vor denen man ehrfürchtig Platz machte.

An diesem Dienstagvormittag, an dem ich Marvin traf, dachte ich an eine Situation, die mir früh im Milieu passiert war. Gemeinsam mit einem Bekannten war ich vor einigen Jahren frühmorgens in einem türkischen Restaurant etwas essen gegangen. Wir saßen drinnen, der Laden war kurz davor, dicht zu machen. Zwar wollte uns der Besitzer nicht rausschmeißen, aber er schaute schon etwas genervt zu uns rüber, wie wir da unser Lahmacun aßen. Plötzlich ging die Tür auf. Sieben bis acht Mann kamen rein. Sie alle trugen schwarze Lederkutten. Auf dem Rücken prangte in einem nach unten gerichteten Halbkreis ein Patch mit roten Lettern auf weißem Grund: HELLS ANGELS. Darunter das weltbekannte Logo: ein geflügelter Totenkopf, ein sogenannter Death Head. Wir staunten nicht schlecht. Zwei der Männer blickten durch das Restaurant, als wollten sie die Umgebung vor Feinden absichern. Sie schauten skeptisch zu uns rüber.

Der Restaurantbesitzer schreckte auf, als er bemerkte, wer in seinen Laden gekommen war.

»Chef, machst du uns …«, sagte der Vordere der Gruppe und blickte auf die Kreidetafel mit den Tagesgerichten. »Ach, mach einfach eine riesige Grillplatte für mich und meine Brüder. Alles, was du hast. Wir haben Hunger.«

Wir sahen dabei zu, wie der Besitzer des Ladens hektisch Stühle herbeiholte und Cola und Wasserflaschen auf einen Tisch stellte. Dann eilte er in den Keller, um Fleisch aus der Tiefkühltruhe aufzutauen.

Das hatte mich damals schwer beeindruckt.

»Klingt ganz cool«, sagte ich zu Marvin.

»Es *ist* cool, Kassra.« Nach einer kurzen Pause sprach er weiter. »Schau mal, nächste Woche ist Tattoo Convention in Kiel. Das Ganze wird von ein paar Jungs aus dem Club mitveranstaltet. Hast du vielleicht Bock, mit mir hinzufahren? Ich würde dich den anderen ganz einfach entspannt vorstellen.«

»Ich überleg es mir«, antwortete ich.

Später am Abend schrieb ich ihm eine SMS mit zwei einfachen Worten: »Bin dabei.«

* * *

Einige Wochen später parkte Marvin seinen fetten Mercedes direkt vor der Halle 400, einem Veranstaltungszentrum an der Kieler Förde. Ungefähr eine Stunde zuvor hatte er mich von zu Hause abgeholt. Eine frische Brise wehte, als wir ausstiegen.

»Wird dir hier gefallen«, sagte er.

Ich schlug die Beifahrertür zu und folgte ihm in Richtung Halle. Bereits nach wenigen Metern kamen wir an einem Bauzaun vorbei, an dem mehrere Plakate klebten, die Werbung für das zweitägige Event machten: »9. Tattoo Convention Kiel. International Artists. Freakshow. Livebands. Aftershowparty.«

Das klang vielversprechend und vor der Halle war auch schon einiges los.

»Lass da mal durch«, sagte Marvin zu mir und ging prompt an der Schlange der Wartenden vorbei, nur um sich vorn wieder einzureihen.

Ich folgte ihm.

Marvin begrüßte den breitschultrigen Türsteher, der eine verspiegelte Sonnenbrille trug, nickte kurz in meine Richtung und dann waren wir auch schon drin.

Es war brechend voll. Die Halle hatte fast etwas von einem Jahrmarkt oder Rummel. Manche Besucher ließen sich live und unter großen Anfeuerungsrufen auf einer der zahlreichen Bühnen tätowieren, außerdem hatten Tätowierer aus der Umgebung ihre Infostände und große Grafiken und Collagen aufgebaut, an denen sie ihre Werke und Tattoo-Skills präsentierten, und es gab tatsächlich eine Bühne für die Freakshow, bei der zu jeder vollen Stunde Vollgepiercte und Volltätowierte auftraten und man ein Erinnerungsfoto machen konnte.

»Yo, Kassra, ich würde dich jetzt gern ein paar Leuten vorstellen, komm mit«, sagte Marvin.

Zielstrebig ging er durch die Gänge, bis wir uns etwas abseits von der großen Haupthalle befanden. Vor uns war das Zelt eines Hamburger Tattoo-Studios aufgebaut, dahinter stand ein gutes Dutzend breiter Jungs.

»Hey, Dieter!«

Marvin hatte sich an zwei, drei Typen vorbeigeschlängelt. Ich folgte ihm, unsicher, was passieren würde. Wir standen vor einem dicklichen Deutschen mit schulterlangen grauen Haaren. Alle trugen T-Shirts der Hells Angels. Als er sich zu uns umdrehte, erkannte ich an seiner Kutte ein weißes Emblem mit roten Lettern, auf dem »President« stand. Er nickte wortlos.

»Ich will dir gern jemanden vorstellen«, sagte Marvin und deutete auf mich. »Das ist Kassra. Ich kenne ihn schon seit vielen Jahren aus dem Rotlicht. Ein extrem stabiler Junge. Ein echter Hauer. Der kann einiges ab und schlägt auch ordentlich zu. Ein Kiez-Junge aus Norderstedt. Wir sind uns letztens zufällig über den Weg gelaufen und er meinte, er würde sich das bei uns gern mal anschauen. Glaub mir, der Junge langt zu wie kein Zweiter!«

Ich lächelte fast schon verlegen und kam mir kurz vor wie ein Gebrauchsgegenstand oder zumindest Vieh, das er hier anpries. Fehlte noch, dass er diesem Dieter mein Gebiss und meine intakten Zähne präsentierte.

Dieter musterte mich von oben nach unten, ohne eine Miene zu verziehen. Dann nickte er kurz, sagte knapp »Hallo« und drehte sich weg, ohne mir die Hand zu geben.

Arschloch.

»Okay …«, sagte Marvin etwas irritiert, »… und das ist Dänen-Olli.«

Er deutete auf eine andere Gestalt, die aus dem Schatten kam und mir die Hand gab. Auch er trug eine Kutte und ich erkannte ein Patch mit der Aufschrift »Vice President«. Im Gegensatz zu Dieter war Dänen-Olli ein zugewandter, netter Typ.

»Weißt du, die Leute nennen mich Dänen-Olli aus einem völlig bizarren Grund. Kannst du erraten, aus welchem?«

Er schaute mich mit seinen wässrigen Augen an.

Ich schüttelte den Kopf.

»Weil ich Däne bin!«

Er schlug sich auf die Schenkel und lachte so laut, dass ich mir sicher war, man konnte ihn bis zur Freakshow-Bühne hören.

Wir unterhielten uns eine Weile über Clubs und Bars in Kiel und Hamburg, und ich erzählte Dänen-Olli sogar von meiner fast schon traumatischen Begegnung mit Yasin an meiner alten Ausbildungsstätte, kurz bevor ich gefeuert wurde, und wie ich kurze Zeit später Marvin begegnet war.

»Oh Mann, Alter, das kann ich gut nachvollziehen. Da stehst du da in der Küche frühmorgens, schnippelst das Essen für irgendwelche undankbaren Asis, und nebenbei fahren deine Jungs von früher mit einer fetten Karre vorbei und machen Party. Scheiße ist das.«

Ich nickte.

»Yo, Kassra, aber weißt du, was das Problem an der Straße ist?«

Bevor ich etwas sagen konnte, antwortete Dänen-Olli selbst.

»Das sind alles egoistische Arschlöcher. Ich meine es ernst, Kassra. Das sind Egoisten. Schau mal, du sagst, du warst im Knast, oder?«

Ich zuckte mit den Schultern. »Na ja, im Jugendknast halt.«

Ich hatte Dänen-Olli, weil er mir sofort auf Anhieb sympathisch war, von diesem kurzen Abschnitt meiner Vergangenheit erzählt.

»Jaja, Jugendknast, Knast, ist egal, wie du es nennst. Darauf will ich nicht hinaus. Jedenfalls, als du raus warst. Wie viele von diesen Yasins und Leuten aus dem Milieu haben sich bei dir gemeldet? Wie viele von denen haben gesagt: ›Hey, Kassra, Bruder, wie geht es dir und deiner Familie? Kommst du klar? Wie geht es deiner Freundin? Brauchst du Geld? Brauchst du einen Job? Brauchst du irgendwas?‹«

Ich blickte ihn an und kniff die Augen zusammen. Ich wusste, worauf er hinauswollte.

»Nun«, ich räusperte mich. »Keiner.«

Ich spürte, wie ich mir auf die Lippe beißen musste, weil mich diese Erkenntnis doch mehr verletzte, als ich es mir eingestehen wollte.

»Eben. Es ist *immer* dieselbe Scheiße mit diesen Rotlichtjungs. Die rennen alle verstrahlt über den Kiez, zugekokst und voll auf Drogen, machen einen auf dicke Hose, fahren fette Autos und sind vor allem nie für dich da, wenn es mal ernst wird. Jeder kocht da sein eigenes Süppchen.«

»Ja, kann schon sein«, entgegnete ich leise.

»Aber schau mal, Kassra ...« Dänen-Olli redete sich jetzt richtig in Rage. »Es geht auch anders. Marvin hat dich ja hierhergeholt, weil er glaubt, dass unser Club was für dich wäre. Und ich glaube das auch. Ich weiß nicht, ob du im Bilde bist, aber ich koordiniere die »Legion 81«. Das ist eine Supporter-Gruppe der Hells Angels. Und was ich dir jetzt sage, ist kein dummes Straßengelaber.

Kein Yo-Bruder-lass-mal-eine-Shisha-zusammen-rauchen-Gehen. Bei uns im Club gibt es so eine Ego-Scheiße nicht. Da geht es um Bruderschaft und um Werte. Um Gemeinschaft. Darum, dass man zusammen weiterkommt. Zusammen als Vereinigung und trotzdem auch als Individuum. One man, one vote.«

Ich war wie elektrisiert und hatte die Geräuschkulisse der Tattoo Convention völlig ausgeblendet. Die Art, wie Dänen-Olli sprach, beeindruckte mich. Er schien wahnsinnig begeistert von all dem zu sein.

»Deshalb, ganz ehrlich, ich würde mich wirklich freuen, wenn du mal bei uns im Clubhaus in Kiel vorbeikommst. Das wäre, glaube ich, gut. Für dich – und für uns. Und wer weiß, wenn du erst mal bei den Supportern warst und dich da beweist ...«, er legte eine kleine Pause ein und sagte dann das, was ich insgeheim gehofft hatte: »... dann kannst du bestimmt auch mal bei den Hells Angels vorbeischauen.«

* * *

Zurück in Hamburg ließ ich den Tag in Kiel noch einmal Revue passieren. Dänen-Olli hatte recht. Diese Jungs aus dem Rotlicht waren in der Regel Einzelkämpfer. Jeder machte seine eigenen Geschäfte, so etwas wie Loyalität untereinander gab es nicht. Und bei dieser Supporter-Gruppe? Und bei den Hells Angels selbst? Ich setzte mich an den Computer, surfte durchs Netz und las mir aktuelle Medienberichte über diesen berüchtigten Rockerclub durch. Das klang alles richtig gut. Ich konnte mir in diesem Moment eh nicht mehr vorstellen, ein Teil der »normalen« Gesellschaft zu sein. Ich fand das alles damals ziemlich scheiße. Das Herumbuckeln, das Bewerbungenschreiben, die 300 Euro, die am Monatsende auf mich warteten. Ich war frustriert und abgefuckt und sehnte mich nach den schnellen, unkomplizierten Regeln der Straße. Über die »Legion 81« hätte ich einen stabilen Verbund schlagkräftiger Typen mit Werten und Regeln um mich herum, die mir einen Einstieg verschaffen konnten zu der Welt, von der ich träumte.

* * *

Ein Teil der »Legion 81« zu werden war ziemlich einfach. Es gab eine kurze interne Abstimmung und Marvin schrieb mir wenige Tage nach unserem Treffen bei der Tattoo Convention eine SMS, ich solle doch einfach mal vorbeikommen. Ich sagte Lisa nicht ohne Stolz, wohin ich fuhr, aber so recht schien sie das nicht zu interessieren. Es war eben erst mal meine Sache.

Die »Legion 81« hatte damals ein eigenes Clubhaus in einer alten Feuerwehr direkt in der Nähe vom Bahnhof, ungefähr eine Minute Fußweg. Ein schickes Gebäude mit einer kleinen Hofeinfahrt, einem netten Gemeinschaftsraum und einigen Schlafmöglichkeiten darin. Direkt neben unserem Clubhaus befand sich ein kleines Boxstudio mit einem angeschlossenen Fitnessraum, in dem einige Gewichte und Langhanteln standen. Außerdem gab es eine Küche, Bar, Duschen. Bei der »Legion 81« war Boxen als Sportart verpflichtend, was ich sehr feierte. Die ungefähr dreißig Jungs, die der Supporter-

Gruppe angehörten, waren alle gut trainiert und ich lernte sehr schnell die meisten von ihnen kennen.

Marvin war ständig da und wurde in den nächsten Monaten so etwas wie mein Mentor. Er sagte mir, dass Dänen-Olli und Dieter bereits über meine neue Zugehörigkeit Bescheid wussten – ich war sehr unkompliziert ein Teil der »Legion 81« geworden. Supporter-Gruppen, so klärte mich Marvin auf, gab es in ganz Deutschland. Es gab sie, um anderen Clubs die Möglichkeit zu geben, ihre Sympathie und ihre Unterstützung zu den Hells Angels zu zeigen. Bei der »Legion 81« stand die 8 für den achten Buchstaben im Alphabet. Also das H. Die 1 für den ersten Buchstaben: das A. Legion HA. Legion Hells Angels. Der Code setzte die Gruppe weltweit in Verbindung mit dem Rockerclub. Das hieß aber auch, man musste sich der Verantwortung bewusst sein, die mit der Verwendung des Begriffs »Supporter« einherging.

»Kannst du alles im Internet nachlesen«, fügte Marvin augenzwinkernd hinzu.

Im Clubhaus und in Kiel fühlte ich mich schnell ziemlich wohl und so kam es, dass ich schon bald ein- bis zweimal in der Woche von Hamburg hinaufpendelte und mit den anderen meine Zeit verbrachte. Während der ersten Wochen in Kiel begeisterte mich, dass das Zusammensein nicht unbedingt dem Bild entsprach, das man von einem Motorradclub im Kopf hatte. Marvin und Dänen-Olli hatten nicht zu viel versprochen, bei den Kielern und im Clubhaus gab es viele Jungs wie mich. Migrantische Kiez-Kids, die auf der Suche nach einem Halt waren, Sport trieben und eine verschworene Gemeinschaft bildeten. Mit ihren eigenen Werten und

Riten, die ich im Laufe der nächsten Monate noch besser kennenlernen würde.

* * *

Allerdings bestand die Mitgliedschaft in der Supporter-Gruppe bereits zu Anfang im Kontrast zu meinem sonstigen Leben. Es war ein tiefer innerer Drang nach einer Gemeinschaft, der mich mindestens einmal die Woche dazu brachte, eine einstündige Autofahrt auf mich zu nehmen. Woher dieser innere Drang kam? Ich weiß es bis heute nicht. Vielleicht stammte die Motivation aus meiner Kindheit, in der eben nicht unbedingt alles gerade lief. Und da ich immer schon jemand war, der sich gegen andere behaupten konnte und zuschlug, wenn es nötig war, hatte ich hier eine Aufgabe. Ich identifizierte mich stark mit den Supportern und tat in meiner Anfangszeit das, was man »Präsenz zeigen« nennt. Ich wurde ein aktives Mitglied der »Legion 81«, hing im Clubhaus herum, lief abends mit ihnen durch die Stadt.

Allerdings ging es bei der »Legion 81« auch um eine fundamentale Sache, um die es später bei den Hells Angels wieder gehen würde: ums Geld. Bei meiner Aufnahme in die Legion musste ich eine Einmalzahlung von 1000 Euro leisten. Es gab da eigentlich keine Ausnahmen, für niemanden. Weil die Jungs aber wussten, dass es finanziell bei mir gerade schwierig war – schließlich hatte ich meine Ausbildung geschmissen und war seit kurzem Vater –, erließen sie mir den Betrag. Den monatlichen Clubbeitrag von 150 Euro musste ich trotzdem bezahlen, so weit reichte die Unterstützung dann eben doch nicht. Aber irgendwie fühlte es sich nicht falsch an, diesem Club Geld zu zahlen. Schließlich profitierte ich auch davon, Supporter zu sein. Zumindest nach meinem eigenen Selbstverständnis hatte ich jetzt etwas, womit ich mich auseinandersetzen konnte.

Nach einigen Wochen überreichte mir Marvin schließlich meine Supporter-Kutte. Er machte da keine große Sache draus, sondern gab sie mir vor versammelter Mannschaft vor unserem Clubhaus. Ich hielt die schwere Lederkutte in beiden Händen und musste grinsen. Das Teil fühlte sich gut an. Nachdem Marvin mich umarmt und mir gratuliert hatte, sagte er noch etwas zu mir: »Übrigens, Kassra, hier sind jetzt 30 Jungs versammelt, die das alle geil finden, dass du bei uns am Start bist. Aber … ich sage dir, wie es ist. Keiner kann sich deinen Namen merken. Lass uns das mal vereinfachen.«

Marvin trat einen Schritt zurück. Ich hielt immer noch die Kutte in der Hand.

»Alles klar, Jungs«, sagte Marvin jetzt so laut, dass alle Supporter es hören konnten. »Perser ist jetzt einer von uns.«

Ich nickte, alles klar. Ich war nicht mehr Kassra.

Ich war Perser.

***

Entgegen einer vielleicht in der Öffentlichkeit verbreiteten Meinung über die Strukturen der Hells Angels war es jetzt nicht so, dass ich mit diesem »neuen« Namen auch eine neue Identität bekam. Ich legte mit dem Überreichen der Supporter-Kutte nicht einfach mein altes

Leben ab. Die Jungs nannten mich bloß deshalb »Perser«, weil es sich leichter merken ließ. Für meine Freundin und meine Leute aus Norderstedt war ich weiterhin Kassra. Allerdings stieg die Zahl derjenigen, die mich Perser nannten, in kürzester Zeit rapide, während mich in meinem privaten Umfeld immer weniger Menschen Kassra nannten – weil mein Umfeld abseits des Clubs sich mehr und mehr ausdünnte. Und entgegen dem Plan, den ich ursprünglich gehabt hatte, ließ ich meine Geschäftigkeit im Rotlichtmilieu erst mal ruhen.

Ich wollte mich voll auf den Club konzentrieren, denn ich war sehr schnell von dem Gedanken angefixt, die Supporter-Gruppe hinter mir zu lassen und einen Schritt weiterzugehen. Ich wollte mich den Hells Angels anschließen. Eine Person, die maßgeblich dazu beitrug, dass dieser Gedanke in mir keimte, war Kadir Padir.

Das erste Mal hörte ich seinen Namen im Clubhaus in Kiel. Ich wusste damals noch nicht, welchen immensen Einfluss er auf mein weiteres Leben haben würde, aber alles, was man in meiner Anfangsphase damals über Kadir Padir sagte, beeindruckte mich sehr.

Kadir war Türke und in Berlin als Sohn eines Gastarbeiters geboren. Früher war er einmal Chef des Bandidos-Chapters »El Centro« gewesen. Schon als in Kiel das erste Mal über Kadir gesprochen wurde, ging es darum, dass er ein Hardliner war. Jemand, der alles für seine Farben, für seinen Club tun würde.

Und dann tat Kadir im Februar 2010 etwas, das es in der deutschen Rockergeschichte noch nicht gegeben hatte. Mit 15 Mitgliedern und 60 bis 80 Supportern wechselte er von den Bandidos zu den Hells Angels, im Rahmen eines sogenannten »Patch-Over«, was von der Presse damals medial begleitet wurde. Jetzt waren die Bandidos seine Feinde und die Hells Angels in Deutschland hatten in Gestalt von Kadir eine mächtige Führungspersönlichkeit dazugewonnen.

Ich lernte ihn einige Monate nach Beginn meiner Mitgliedschaft bei der »Legion 81« kennen. Es war nicht unüblich, dass Supporter-Gruppen andere Clubs besuchten. Nicht nur in der direkten Umgebung, sondern auch in anderen Städten. Die Jungs aus Berlin und das neu gegründete Charter »Hells Angels MC Berlin City« zu besuchen war Marvins Idee gewesen, und ich freute mich schon Tage zuvor auf unseren Ausflug in die Hauptstadt.

* * *

»Hey, Kadir, eine Frage.«

»Nicht so schüchtern, Perser. Schieß los!«

Berlin im Juni 2010. Marvin und ich saßen mit Kadir und ein paar anderen Jungs in einem Restaurant in Berlin-Reinickendorf und aßen Fajitas. Der ganze Tisch stand voller Essen und es wurde ständig nachgeliefert. Zwar war es bereits zwei Uhr in der Früh, aber das war hier egal. Wir waren mit dem Kopf der »Hells Angels Berlin City« und ein paar anderen stabilen Typen unterwegs. Wir bekamen alles, was wir wollten.

»Ihr habt doch hier einen Tough-Life-Laden, oder?«, fragte ich etwas zögerlich.

Tough Life, das muss man an dieser Stelle erwähnen, war um das Jahr 2010/2011 eine bekannte Klamottenmarke. Viele Rapper machten Werbung dafür und mir gefiel der Street-Style, der mit der Marke verknüpft war. In Kiel gab es so was nicht und ich war kein großer Fan von Online-Shopping.

»Klar haben wir den.« Kadir nickte und biss herzhaft in seine Fajita.

Etwas gelbe Cocktailsoße tropfte von seinem bartlosen Kinn und lief ihm den Finger runter. Er griff nach einer Serviette. »Der Laden gehört einem Bekannten von mir. Wieso, brauchst du Klamotten?«

Ich nickte. »Die Marke gibt's bei uns nicht. Also, wir haben keinen Store oder so. Vielleicht können wir morgen hin?«

Kadir schluckte seinen Bissen runter und lachte laut auf. »Haha, morgen. Der war gut. Warum morgen? Das ist unsere Stadt, Junge. Lass doch jetzt gleich rüber.«

Bevor ich etwas sagen konnte, griff Kadir zu seinem Handy, scrollte mit der freien Hand durch seine Kontaktadressen und telefonierte. Ich kannte Kadir zwar erst seit ungefähr zwanzig Minuten, aber ich wunderte mich nicht, dass die Person am anderen Ende der Leitung mit dem ersten Klingeln dranging – obwohl es mitten in der Nacht war.

»Ja, Kadir hier. Wir müssten in deinen Laden. Ist cool?« – »Alles klar, bis gleich.«

Das Gespräch war nach fünf Sekunden beendet.

»Alle aufgegessen, ja?«, fragte Kadir, nachdem er sein Handy wieder eingesteckt hatte.

Wir standen alle auf. Ein paar Hangarounds und Prospekts der »Hells Angels Berlin City«, also solche, die noch keine vollwertigen Member waren, gingen vor. Absichern hieß das. Das und ein paar weitere Kleinigkeiten wusste ich bereits.

Wir fuhren geschlossen los und standen Minuten später inmitten eines Tough-Life-Stores. Der Ladenbesitzer hatte extra für uns aufgemacht. Er gab jedem einzeln die Hand, aber ich sah an seinem Blick, dass er mich nicht mochte. Wir waren der Grund, warum er jetzt seinen Laden aufmachen musste, anstatt weiterschlafen zu können. Aber es war auch klar, dass er Kadir den Wunsch niemals ausschlagen würde. Das war ausgeschlossen.

In dem Tough-Life-Store war es ein bisschen wie im Schlaraffenland. Marvin und ich durchsuchten den Laden nach Klamotten und probierten sie an. Ich entschied mich kurze Zeit später für einen samtenen Jogginganzug und stellte mich ganz brav an die Kasse.

»Alles gut«, sagte der Besitzer. »Schenk ich dir. Ist doch klar.«

»Geil, danke!«, sagte ich und klopfte ihm dankbar auf die Schulter.

Auch Marvin bekam sein Oberteil geschenkt.

»Ist doch normal«, sagte der Besitzer, lächelte und wiederholte noch einmal für sich selbst: »Ist doch normal.«

* * *

Es lag nicht nur an dieser irgendwie imponierenden Aktion, dass ich Kadir von Anfang an mochte. Er war ein umgänglicher und witziger Typ. Er war höflich und zuvorkommend, aber nicht anbiedernd. Abseits seiner medialen Geschichte gefiel mir vor allem, dass er das Clubleben vorlebte. Es war ihm wichtig, dass in seinem Charter Motorrad gefahren wurde und alle das Ganze ernst nahmen. Außerdem wurde in seinem Charter nicht gesoffen, es wurden keine Drogen genommen – höchstens, wenn Besuch da war und der Besuch darauf bestand. Ansonsten war es ihm wichtig, dass alle Anwesenden klar waren und gegenüber der internationalen Hells-Angels-Struktur einen guten Eindruck machten.

Sehr beeindruckend war auch das Clubhaus in Berlin, das er Marvin und mir noch vor dem Fajita-Essen gezeigt hatte. Es befand sich in der Residenzstraße 54, mitten in Reinickendorf, und war ein wahnsinnig großes Haus. Vor dem mit dunkelgrauem Backstein abgedichteten Gebäude prangte über der Toreinfahrt ein kreisrundes Schild. Auf schwarzem Grund stand dort: »Hells Angels Berlin City«. Auf der Mitte des Schildes war ein Death Head angebracht. Jeder, der nicht hinter dem Mond lebte, wusste, dass man um diese Einfahrt lieber einen Bogen machte. Es sei denn, man war Mitglied, Supporter oder lebensmüde.

Ging man durch das Tor, erwartete einen erst einmal ein geräumiger Innenhof. Das Außengelände war kameraüberwacht. Im Hauptgebäude stieß man zunächst auf eine Wendeltreppe, denn das Gebäude war zweistöckig. Links und rechts, relativ nah am Eingang im ersten Stock, befanden sich geräumige Badezimmer mit Duschen und Toiletten, ein Stück weiter hinten gab es ein eigenes Office. Alles war mit Marmor ausgelegt. Hinter dem Office befanden sich zwei weitere Räume, kleine

Zimmer mit Doppelbetten, Schränken, Kommoden und jeweils einem Fernseher. Im Keller hatten wir einen eigenen Partytraum mit einer extrem guten Soundanlage, auch hier gab es Duschen, außerdem separate Unterbringungsmöglichkeiten für die Supporter-Clubs der Berliner Hells Angels. Das waren damals die »MG 81« und die Berlin-City-Crew. Quasi Pendants zu der »Legion 81«, nur dass wir eben den Hells Angels Kiel unterstellt waren und diese wiederum dem Charter »Hells Angels Berlin City«.

Küchen gab es in beiden Etagen und sogar noch eine eigene Wohnung neben dem Clubhaus. Ein weiteres Büro fand sich im Obergeschoss.

Und im Obergeschoss befand sich auch das Herzstück des Clubs. Der Member-Raum. Dieser war nur für Member gedacht und als mir der Raum erstmals von außen gezeigt wurde, stellte ich mir vor, irgendwann einmal hier reinzugehen und an einem Meeting teilzunehmen. Die Tür war mit einem elektronischen Schloss gesichert und ließ sich mit einem Zahlencode öffnen, den nur die Member kannten.

Im Member-Raum befand sich ein großer Eichentisch von ungefähr sechs Metern Länge. Jeder Member der »Hells Angels Berlin City« hatte hier seinen festen Platz. Kadir, der President, saß natürlich am Kopfende. In der Mitte war ein aus Marmorstein geschlagener Death Head, das Emblem des Clubs. Über einem zweiten Raum direkt dahinter prangte ein riesiges Banner mit der Aufschrift: »Hells Angels Berlin City«. In diesem zweiten Raum gab es einen Tresen, eine Bar und vieles mehr.

Aber das war nicht das Einzige. Wie ich später erfuhr, gab es auch mehrere Geheimtüren, die bei Razzien genutzt werden konnten. Man landete sehr schnell bei den anliegenden Tankstellen und im Innenhof eines anliegenden Eckcafés, das sich auf einem anderen Gelände befand. Für Fluchtwege war also gesorgt.

Das Gebäude, so erfuhr ich später, war Eigentum des Clubs. Es wurde von einem ehemaligen Member der Bandidos finanziert, der den Übertritt zu den Hells Angels zwar nicht mitgemacht hatte, aber sich trotzdem gut mit dem Club verstand.

Dieses Gelände war mehr als ein einfaches Clubhaus. Es war eine richtige Pilgerstätte. Wer einmal dort war, verspürte ein ganz anderes Zugehörigkeitsgefühl. Es war nicht einfach ein Vereinsheim. Es hatte eine Seele. Das hier, das wusste ich sofort, war etwas ganz Besonderes. Wir verabschiedeten uns von den Berlinern und ich hoffte, bald wieder einmal vorbeizuschauen. Vielleicht auch in einer anderen Funktion als nur als Besucher?

* * *

Während meiner Anfangszeit als Supporter bei der »Legion 81« in Kiel gab es bereits sehr früh viel Action. Ich wollte mich beweisen. Ich hatte ein neues Umfeld, die Jungs mochten mich und mir gefiel die von Dänen-Olli auf der Tattoo-Messe angesprochene Gemeinschaft wirklich gut. Und die Stärke jener Gemeinschaft spürte ich einige Wochen später mitten im Einkaufszentrum von Kiel.

Eigentlich war es ein normaler Tag. Mit ein paar anderen Jungs saß ich frühabends in einem Einkaufszentrum vor einem italienischen Restaurant und wartete auf unser Essen. Gegenüber dem Restaurant stritten sich drei Typen lauthals mit jemandem. Der Streit wurde immer intensiver und schließlich gab es ein Handgemenge. Auch die anderen wurden jetzt aufmerksam.

»Macht mal ruhig«, rief Marvin rüber. Und setzte nach: »Das ist nicht eure Stadt.«

»Was willst du, du Hurensohn?«, sagte einer der Angreifer und ließ von dem Opfer ab, das sofort die Flucht ergriff.

»Was hast du gesagt?«, fragte Marvin und stand auf.

Auch wir anderen erhoben uns. Die Leute im Einkaufszentrum bekamen mit, was sich anbahnte, und suchten das Weite.

»Ich habe dich gefragt, was du willst«, antwortete der Typ gegenüber. Dann kurz Stille. Und nach einem kurzen Zögern: »Du Hurensohn!«

Marvins Kopf wurde hochrot. Ich bemerkte aus dem Augenwinkel, wie er nach dem Holzstuhl unter sich griff und ihn quer durch das Einkaufszentrum auf die drei Jungs warf. Der Stuhl traf denjenigen, der gerufen hatte, mit voller Wucht und er fluchte auf Türkisch.

Dann brach Chaos aus. Die Jungs gegenüber kamen auf uns zugerannt. Ich bekam noch mit, wie sie im Laufen Klappmesser aus ihren Jogginghosen zückten. Zwar waren sie in der Unterzahl, aber vor dem Treppenaufgang tat sich etwas. Das war wohl ihre Verstärkung. Wir gingen in den Angriffsmodus über. Auch ich griff zu einem Stuhl und benutzte ihn als Schutzschild, um den angreifenden messerschwingenden Typen vor mir damit abzuhalten. Das funktionierte. In vollem Lauf knallte er gegen den Stuhl und fiel wie ein nasser Sack in sich zusammen. Dann packte ich mir das Stuhlbein und holte aus. Aber ich war zu langsam und spürte einen Messerstich in Höhe meiner Hüfte. Ich zuckte zusammen. Scheiße. Blut trat aus meinem Bein. Die Geräuschkulisse wurde immer chaotischer. Unsere Jungs brüllten und die Angreifer, die vom Treppenaufgang hochgekommen waren, brüllten ebenfalls. Sie hatten fast alle Messer in der Hand und die meisten von uns nur ihre Fäuste. Die nächsten Minuten waren wie in einem Bud-Spencer-Film.

Eine richtige Massenschlägerei brach los. Ich trat nach meinem Angreifer und erwischte ihn am Kopf, er krümmte sich vor Schmerzen und robbte über den spiegelglatten Boden in Richtung Ausgang. Hinter mir flogen jetzt Stühle, Tische und Gläser durch das Einkaufszentrum, alles, was nicht niet- und nagelfest war.

»Fickt euch, ihr Arschlöcher!!!«, hörte ich Marvin ein letztes Mal rufen, dann ging alles in einem riesigen Wirrwarr unter.

* * *

Am nächsten Tag erreichte ich früh am Vormittag das Clubhaus in Kiel und wurde wie ein Held begrüßt.

»Ohaaa, Perser, was läuft«, sagten die Jungs und schlugen mit mir ein.

Auch Marvin umarmte mich. Ich blickte mich im Clubhaus um. Die meisten sahen ziemlich mitgenommen aus.

»Wie ist es bei dir gelaufen?«, fragte Nour, ein Libanese. »Wir haben uns ja fast Sorgen um dich gemacht!«

»Na ja«, sagte ich und musste unwillkürlich grinsen. »Nachdem es zu unübersichtlich wurde, bin ich mit Steve und Bengt« - ich deutete auf zwei Brüder, die vor mir saßen und leicht debil grinsten - »runter zu Steves Wagen, um abzuhauen. Da hatte ich schon diese Scheiße hier«, sagte ich und präsentierte meine Hüfte, an der man eine provisorisch behandelte Schnittwunde sehen konnte. »Na ja, wir sind dann eben in Steves Wagen gestiegen und als wir zu dritt drinnen waren und ich dachte, alles klar, jetzt verpissen wir uns, sind die beiden Jungs wieder ausgestiegen, weil sie schon vor mir gesehen haben, dass die Bullen da waren. Und dann, na ja, saß ich da allein auf dem Rücksitz und dachte mir: Korrekt, jetzt sind deine Brüder weg und du sitzt hier in der Karre, mal schauen, was gleich passiert. Was soll ich sagen? Wenige Sekunden später wurde die Tür aufgerissen und zwei sehr nette Kieler Polizeibeamte haben mich festgenommen und zur GeSa geschleppt.« Alle lachten, auch ich musste grinsen. »Hatte dann eine sehr entspannte Nacht in der Gefangenensammelstelle. Die Bullen haben noch ein nettes Foto von mir gemacht. Als Erinnerung. Gut möglich, dass einer sich in mich verliebt hat, so oft wie die in meine Zelle geschaut haben. Als sie mich nach Aktivitäten bezüglich einer kriminellen Vereinigung befragt haben, habe ich lange und ausführlich erzählt, wie ich als Privatperson einfach nur an einem Freitagabend gediegen im Einkaufszentrum einkaufen wollte, als plötzlich diese höchst aggressiven jungen Männer, wohl aus der Türkei oder einem anderen osmanischen Land stammend, auf mich zugerannt sind und mich verletzt haben. Alles, was ich getan habe, war ...« – ich hielt meine Hände hoch, als wollte ich mich ergeben – »... reine Notwehr. Nichts als Notwehr. Und schließlich gibt es ja in Deutschland das Recht auf Selbstverteidigung. Aber da ich den Beamten keinen Papierkram antun wollte, sagte ich ihnen, ich würde keine Anzeige gegen Unbekannt erstatten.«

Ich stand mitten im Clubhaus, war fertig mit der Rekapitulation meines Abends und es brach abermals Gelächter aus. Die Stimmung war trotz unserer körperlichen Beschwerden und Blessuren ziemlich gut – oder war es vielleicht gerade deswegen?

Die kleine spontane Versammlung löste sich auf.

»Perser, bleib mal kurz hier.«

Es war Dänen-Olli. Ich wunderte mich, ihn hier zu sehen, schließlich war er ja Vice President bei den Kieler Hells Angels und kein Supporter.

»Ich wollte dir nur sagen, dass du das bei allem Witz gestern echt gut gemacht hast. Marvin und die anderen haben mir erzählt, dass du voll draufgegangen bist. Du hast dich für die anderen geradegemacht. Für deine Brüder. Das ist gut. Gut für den Club. Weißt du, im Supporter-Club steckt nicht ohne Grund das Wort ‚Supporter'. Das wird garantiert Anklang finden. Und das ist gut für dich. Falls du weitergehen und irgendwann mal rüberwechseln willst. Ich sag's nur.«

Ich hatte immer noch Schmerzen an der Hüfte, aber war in diesem Moment irgendwie happy. Allerdings hatte die Situation mit der Massenschlägerei im Einkaufszentrum mehrere Konsequenzen. Zwar stieg mein Ansehen, denn während der Schlägerei war ich wohl in eine Art Rauschzustand verfallen und hatte mich wortwörtlich durch das Einkaufszentrum geprügelt. Aber es führte auch dazu, dass die Kieler Hells Angels erstmalig auf uns aufmerksam wurden. Und das nicht nur im Positiven.

* * *

Ich war ungefähr ein Jahr dabei, als Dänen-Olli wenige Wochen nach dem Zwischenfall im Einkaufszentrum abermals ins Clubhaus kam. Mit schlechten Neuigkeiten. Die Hells Angels Kiel hatten beschlossen, uns aufzulösen. Das hatte mehrere Gründe, die allesamt nachvollziehbar waren. Ohne dass ich dabei gewesen war, hatte es kurz nach der Sache im Einkaufszentrum im Juli 2010 eine Razzia im Clubhaus gegeben. Auch die Laufhäuser und die Geschäfte, die einige Mitglieder machten, gefährdeten wohl den Kieler Hells-Angels-Club. So unspektakulär und unkompliziert, wie ich der Supporter-Gruppe beigetreten war, so unspektakulär wurde sie jetzt aufgelöst. Unter den insgesamt dreißig Supportern der »Legion 81« gab es nur zwei, in denen die Hells Angels Kiel Potenzial sahen: einen jungen Typen namens Martin und mich. Das teilte mir Dänen-Olli kurz nach der Auflösung der Gruppe mit.

Vor dem Clubhaus traf ich Marvin und sprach mit ihm über die Situation. Schließlich hatte er mich eingeführt und war in dieser ersten Zeit mein Mentor gewesen.

»Also ...«, sagte ich und legte den Kopf in den Nacken. »Was willst du jetzt machen?«

Marvin kratzte sich an seinen Bartstoppeln.

»Na ja. Ehrlich gesagt, nichts.«

»Die Kieler glauben, dass nur Martin und ich das Potenzial haben, übernommen zu werden.«

Marvin nickte. »Dann ... ist das wohl so.«

»Aber willst du nicht auch ...«, begann ich, doch bevor ich meinen Satz vervollständigen konnte, winkte er schon ab.

»Ich weiß, was du fragen willst. Aber nein, Perser. Ist schon okay. Ich bin raus. Ich hatte eh den Plan umzuziehen und irgendwie ist die Sache für mich durch. Im Ernst.«

Wir umarmten uns vor dem Clubhaus.

Für ihn endete die Reise dort in Kiel. Aber für mich ging es jetzt erst richtig los.

* * *

Als Dänen-Olli nach der offiziellen Auflösung an mich herantrat und mir sagte, dass der Club Potenzial in mir sah, war mir sofort klar, dass ich weitermachen wollte. Ich war gerade erst dabei, die Welt des berüchtigtsten Rockerclubs der Welt zu entdecken. Hier bei der »Legion 81« hatte ich ein intensives und heftiges Jahr erlebt. In diesem Jahr war mehr passiert als in den demütigenden Jahren meiner Kochausbildung in Hamburg oder früher in Norderstedt. Auch die Rotlichtscheiße konnte damit nicht mithalten. Mir gefiel die prinzipielle Struktur des Clubs. Hier gab es niemanden, der vor den anderen mit einem dicken Lamborghini davonfuhr. Zumindest zu diesem Zeitpunkt nicht. In unserem Glauben an die Gemeinschaft waren wir alle gleich und ich wollte jetzt den Absprung von den Supporten zum richtigen Club wagen.

Ich besprach mit Dänen-Olli die Details. Er sagte mir, es sei am besten und auch am praktischsten, mich in Hamburg unterzubringen. In Hamburg gab es damals zwei Charter. Eines war das älteste Charter Deutschlands, das 1973 zunächst als »Bloody Devils« gegründet worden war und bis heute existiert. Das zweite Charter war ein relativ neues, dessen Mitglieder sich größtenteils aus migrantischen Kanacken-Kids rekrutierten, wie ich eines war. »Southport«, so der Name.

Dänen-Olli eröffnete mir, dass man plante, mich in das neu gegründete Charter zu schicken. Ich war nicht gerade begeistert, denn aus meiner Zeit in Hamburg wusste ich, dass das nicht die richtigen Leute für mich waren. Das waren Zuhälter und keine Typen, die Interesse an einer echten Gemeinschaft hatten. Trotzdem stimmte ich zu, denn vielleicht irrte ich mich ja und es würde doch mit mir und den Hells Angels in Hamburg noch etwas werden.

* * *

Schon als ich das erste Mal meinen Fuß über die Türschwelle des Clubs setzte, wusste ich jedoch, dass die Sache kein Erfolg werden würde. Das fing schon mit dem Clubhaus in Hamburg an, denn im Gegensatz zu der »Legion 81« in Kiel handelte es sich hier eher um eine kleine Bar, die den Namen »Clubhaus« nicht wirklich verdiente. Es gab zwar zwei Schlafmöglichkeiten, aber nur in einem gammeligen Hinterzimmer. Generell kam hier kein richtiges Gefühl für irgendwas auf. Ich wurde seltsam begrüßt, wie irgendein Austauschschüler, und stand wie Falschgeld unbeachtet von allen in der Gegend rum. Niemand fühlte sich für mich zuständig, ich war mehr ein Fremdkörper als Teil einer Gruppe. Dieses Charter hatte keine Motivation, den Kodex der Hells Angels auf irgendeine Art und Weise ernst zu nehmen. Im Vergleich zu Kiel war das hier alles schwach und im Vergleich zu Berlin, wo ich mit Marvin noch ein zweites Mal gewesen war, war das hier nicht mal ein Hauch von nichts. Es war lächerlich, fast schon würdelos.

Das Charter erfüllte absolut nicht das, was ich mir von den Hells Angels erhoffte und in Berlin ja auch schon erlebt hatte. Ich kannte die meisten Hangarounds, also Leute, die sich hier bewähren mussten, sowie die Prospekte, also die Anwärter für den Member-Status, und auch einige Member, die hier waren, bereits aus dem Hamburger Rotlichtmilieu. Diesen Gestalten unter diesem Banner, dieser Flagge zu begegnen, das fühlte sich wie ein Rückschritt an.

Der Präsident des Charters war Geschäftsführer einer Sicherheitsfirma in Hamburg. Er gab einen Scheiß auf andere Menschen. In der Vergangenheit war auf ihn aufgrund seiner kriminellen Aktivitäten geschossen worden und er war, und das war ein offenes Geheimnis, jetzt vor allem hier, um sich durch die Mitgliedschaft im Club ein wenig mehr Sicherheit auf der Straße zu verschaffen.

»Perser, ja?«, sagte er nach etwa einer Stunde, während der ich irritiert im Clubhaus herumgestanden hatte, und gab mir seine fettige Hand.

»Ich kenn dich ja eigentlich unter anderem Namen, aber den habe ich auch schon wieder vergessen, Junge.«

Er lachte und verzog sich dann wieder.

Ich hatte bereits nach kurzer Zeit den Eindruck, dass dieses Charter und die ranzige Bar eine Art Sammelstelle für Hamburger Rotlicht-Asis waren. Ich sah die Jungs, die dort herumsaßen und auf ihre Handys starrten, und hatte das Gefühl, ich war im falschen Film. Niemand nahm die Ideale ernst. Sie waren alle nur Teil dieses Clubs, weil sie davon ausgingen, dass dadurch ihre Rotlichtgeschäfte besser laufen würden. Der Club war denen scheißegal. Ich nahm mir ein Wasser aus dem Kühlschrank, ging raus an die frische Luft und atmete ein paarmal ein und aus.

Ich war jetzt endlich beim großen Hells-Angels-Club angekommen. Aber das hier war nicht so, wie ich es mir vorgestellt hatte. Das hier war die Hölle. Ein warmer Aufenthaltsraum für Jungs, die hauptberuflich Zuhälter waren. Für Jungs, die an nichts anderes glaubten als an sich selbst. Die keine Werte hatten, Nutten fickten, ständig koksten und sich niemals vor ihre Brüder stellen würden.

Ich schüttelte mich. Ich war jetzt erst einen Abend hier, hatte die Leute nur kurz kennengelernt, aber schon absolut keinen Bock mehr. Das waren nicht meine Jungs und umgekehrt mochten sie mich auch nicht. Das spürte ich. Aber das war ja auch klar, denn ich war motiviert, jemand im Club zu werden, und die Typen hier wollten einfach nur in Ruhe gelassen werden und weiter irgendwelche Frauen auf den Strich stellen. Das passte einfach von keiner Seite.

Was also sollte ich tun? Es war kurz nach 21 Uhr am Abend und mein erster Tag bei den Hells Angels in Hamburg ging langsam dem Ende zu, als ich eine Entscheidung traf. Ich stellte das Wasser auf einem Stromkasten ab und zückte mein Handy. Dann wählte ich eine Nummer. Es klingelte, und nach einigen Sekunden hörte ich eine mir vertraute Stimme am anderen Ende.

»Yo, Perser, was geht?«

Es war Kadir Padir.

# Kadir Padir und der Ruf in die Hauptstadt

»Verstehe, verstehe. Kann ich natürlich nachvollziehen, was du meinst«, sagte Kadir.

Ich stand jetzt schon ungefähr zwanzig Minuten vor der Bar, die den Begriff »Clubhaus« nicht verdiente, und telefonierte mit dem Präsidenten des berüchtigten Hells-Angels-Charters in Berlin.

Ich hatte ihm in den zwanzig Minuten offen und ehrlich erzählt, warum ich nicht vorhatte, in diesem Hamburger Charter zu bleiben. Das ging nicht. Die negativen Erfahrungen aus der Vergangenheit überwogen. Wenn es hier schon so startete und meine Erwartung sich so weit von der Realität unterschied – was sollte das werden?

Es war ein innerer Reflex, dass ich ausgerechnet Kadir anrief. In Berlin hatte er mir damals seine Nummer gegeben. Wir kannten uns zwar nur flüchtig, aber die beiden Besuche hatten einen prägenden Eindruck bei mir hinterlassen. Es fühlte sich einfach richtig an, sich direkt an ihn zu wenden.

Nicht zuletzt dachte ich auch an das Clubhaus in Berlin und an die Geradlinigkeit des Charters, als ich seine Nummer wählte. Zu diesem Zeitpunkt verband

Kadir und mich noch keine Freundschaft oder etwas Ähnliches, aber wir waren immer cool miteinander gewesen. Mir gefiel die Art, wie er sein Charter führte und das Leben als Hells Angel vorlebte. Er war interessiert am Austausch, auch international, und jemand, den man – so wie jetzt – anrufen konnte und der sich anhörte, was man zu sagen hatte. Für mich war er zum damaligen Zeitpunkt so etwas wie die perfekte Blaupause eines Höllenengels. In seinem Charter sah ich die Anlage zu einer richtigen, echten Gemeinschaft, in der man selbst wachsen und sich an anderen orientieren konnte.

»Es ist einfach scheiße hier, Kadir«, fasste ich am Telefon meine Erkenntnis des Tages zusammen.

»Guck mal«, sagte er und räusperte sich.

Ich war gespannt, was er als Nächstes sagen würde.

»Du weißt ja, wo wir sind. Du kennst das Clubhaus. Du warst schon mal hier und so. Du weißt, wie wir ticken.«

Ich nickte, obwohl er das durch das Telefon nicht sehen konnte.

»Perser, du bist ein stabiler Typ, bei allem, was man so hört.« Und dann sagte er etwas, das mich wirklich freute und mir die Hoffnung gab, dass meine Reise nicht in diesem Zuhälter-Charter in Hamburg enden würde. »Also: Unsere Tür steht dir immer offen, wenn du willst, komm einfach noch mal vorbei.«

Ich legte auf und kehrte nicht mehr in das Clubhaus der Hamburger Hells Angels zurück. Den anderen war meine Abwesenheit vermutlich gar nicht aufgefallen.

* * *

Es dauerte nicht lange, bis ich tatsächlich wieder nach Berlin fuhr. Diesmal ohne Marvin und nicht einfach aus Geselligkeit oder um mich mit einem befreundeten Charter auszutauschen. Meine Motivation war eine andere. Ich wollte vorsprechen, mich vorstellen. Und so wurde aus einem geplanten kurzen Besuch erst ein erster zweitägiger Aufenthalt, dann ein dreitägiger und schließlich pendelte ich in den nächsten Wochen mehrmals von Hamburg nach Berlin. Nach und nach lernte ich die Jungs, denen ich bisher nur flüchtig begegnet war, richtig kennen.

Das Charter bestand damals aus ungefähr neunzig Mann. Davon waren fünfundzwanzig vollwertige Hells Angels, neun waren Prospekte, dazu kamen einige Hangarounds sowie Supporter-Gruppen. Ganz vorn an der Spitze des Charters stand Kadir Padir. Er war die unangefochtene Nummer 1. Kadir war eine echte Erscheinung: groß, schwer, kahlköpfig und lange in den Clubstrukturen verankert. Schon 2008 trat er den Bandidos bei und das Patch-Over von 2010 sowie die Gründung des Hells-Angels-Charters »Berlin City« hatten ihm auch außerhalb der Rockerszene einen entsprechenden Ruf eingebracht.

Kadir war umsichtig, glaubte an die Idee des Clubs, aber wollte trotzdem, dass wir trainieren, stabil blieben und eine starke Gemeinschaft bildeten. Der damalige Vizepräsident war Hamza, der nach einigen Jahren den Club verlassen musste. Außerdem gab es noch Tommek, den Treasure, der die Clubkasse verwaltete. Tommek war ein langjähriges Mitglied, das ich von Anfang an respektierte. Er war ein ehemaliger Bandido und gemeinsam mit Kadir gewechselt. Er war introvertiert und ruhig, und er kritisierte mich schon früh, als ich mich anfangs lautstark über andere Charter ausließ – wohl um mir unnötigen Ärger vom Leib zu halten.

Dann war da Yücel, unser sogenannter Sergeant at Arms und zuständig für die Bewaffnung des Charters. Unserem Charter standen Messer, Kleinwaffen, aber auch größere Kriegsfeuerwaffen zur Verfügung. Wo die Waffen genau gelagert wurden, habe ich nie erfahren, denn außer Yücel und einigen anderen Eingeweihten wusste niemand Bescheid, insbesondere die Neulinge nicht.

Außerdem hatten wir noch Miller, den ich selten zu Gesicht bekam, der die Pressestelle koordinierte und deshalb viel Zeit im Büro verbrachte, und Malik, der im Charter viele Geschäfte machte. Von Anfang an hatten Malik und ich kein gutes Verhältnis zueinander, irgendwie hatte er ein Problem mit mir und meiner relativ offenen Art.

Zum Charter gehörte auch Ersoy, genannt Chucky, der ältere Bruder von Kadir. Der Typ war von kleiner Statur, dick und ziemlich laut. Er war der Einzige im Charter, der kiffen durfte, und hatte für das Charter bereits mehrfach im Knast gesessen, weil er beispielsweise auf offener Straße einen Bandido angegriffen hatte, somit war ihm der Respekt von Kadir und den anderen sicher. Aber auch zu Chucky hatte ich wie die meisten im Charter kein gutes Verhältnis, einfach weil er unberechenbar war.

Dragan, ein wortkarger, breiter Typ, kümmerte sich um die Organisation diverser Ausfahrten, buchte Hotels und Ähnliches, wenn wir zu größeren Meetings mit anderen Chartern fuhren, und koordinierte sogar eine Zeit lang die Sicherheitsleute des Rappers Fler, als dieser sich mit unserem Charter brüsten wollte.

Und dann gab es noch Emre. Emre war einer der unbeliebtesten Männer im Club und wurde von den meisten Membern, Prospekten und Hangarounds gehasst. Er liebte es, andere zu quälen, und kommandierte wahllos Leute umher, die charakterlich noch nicht gefestigt waren.

Was solche Typen in so einem Umfeld schützt, ist ihre Leistung. Emre war jemand, der alles für den Club tat. Allein in meiner aktiven Zeit war er mehrfach im Knast. Er wusste genau, wie wichtig er für den Club war, und blieb deshalb unangreifbar. Jemanden wie ihn, der sich im Namen der Hells total aufrieb, konnte man nicht einfach abmahnen wie einen Lehrling in der Großküche, weil er sich nicht benahm.

Schließlich gab es noch Jungs wie Wojtek und Rami. Rami war unser Playboy, eigentlich ein umgänglicher Typ, der zwar viel Zeit im Club verbrachte, aber nicht wie Emre direkt loslief und Leute abstach, nur weil jemand das wollte. Mit Wojtek hatte ich von Anfang an ein gutes Verhältnis, ein solider und netter Typ, der genau wie ich Bock auf den Club und auf den Lifestyle hatte.

Zu guter Letzt gehörte zu unserem Charter noch die »Ostler«-Truppe, die wir auch ganz bewusst so nannten. Die Jungs kamen aus Bautzen, gehörten früher zu den Bandidos Dresden und waren zusammen mit Kadir Padir zu den Hells Angels übergetreten. Diese Jungs waren unsere ostdeutschen Member und repräsentierten das Charter in ihrer Region. Der Größte der vier Ostler wurde auch »Transporter« genannt, weil er vor nicht allzu langer Zeit mit einem großen Waffenarsenal auf der A100 in Berlin angehalten worden war. Drei Sporttaschen voll mit Uzis und AKs – für die Aktion saß er drei Jahre im Knast und hatte sich somit wie viele andere im Charter bereits bewährt. Neben mir gab es noch zwei andere Jungs, die gleichzeitig mit mir zu Hangarounds ernannt wurden: Selim und Serdar. Zwei junge Türken, die ähnlich wie ich in der Gemeinschaft der Hells Angels ein Stück ihrer Identität suchten.

* * *

Neben dem eigentlichen Hauptcharter gab es unsere eigene Supporter-Gruppe, die »MG 81«, zu denen ungefähr dreißig Mann zählten. Dessen Vorbild war die »AK 81« in Dänemark, die die dänischen Hells Angels supporteten. Außerdem gab es die »Berlin City Crew«, eine weitere Supporter-Gruppe, die circa 15 Mitglieder umfasste. Zwar war unser Charter finanziell nicht unbedingt das stärkste, aber die Führung und das medial wirksame Patch-Over von Kadir hatten dazu beigetragen, dass unser Charter einen ziemlichen Ruf hatte.

Das alles war kein Spaß mehr. Die Jungs, die in dieses Charter involviert waren, meinten es verdammt ernst. Und mich faszinierte die Bereitschaft, sich einer Sache zu verschreiben. Die Lebensläufe der einzelnen Member und was sie getan hatten, um für den Zusammenhalt zu kämpfen, das war schon ziemlich krass. So eine

Hingabe für ein Thema hatte ich in meinem bisherigen Leben nicht erlebt.

Das Berliner Charter war genau das, was ich mir unter einem Rockerclub vorstellte. Stabile, breit gebaute und tätowierte Jungs, viele mit einem migrantischen Schlag, die sich als Outlaws verstanden. Denn so sah ich mich selbst mittlerweile auch. Nach der ganzen Scheiße und dem Ärger, den ich in Kiel und Hamburg erlebt hatte, nach dem Jugendknast und dem Frust hatte ich keine Lust mehr auf die bürgerliche Gesellschaft. Das hier, das war aufregend, spannend und exklusiv. Hier konnte ich aufsteigen, jemand werden. Am besten so schnell wie möglich!

* * *

Es dauerte ungefähr zwei Monate, bis mich Kadir im Clubhaus ansprach.

»Hey, Perser«, sagte er und klopfte mir auf die Schulter, als ich mich gerade mit Selim an der Bar unterhielt. »Lass mal kurz rausgehen.«

Ich folgte ihm auf den Innenhof.

»Hör mal, ich will, dass du nächste Woche noch mal herkommst. Wir haben ein Meeting und die Sache ist die: Ich würde gern von dir wissen, ob du bei den MG 81 herumhängen oder ob du ein Hells Angel werden willst.« Er machte eine kurze Pause und sprach dann weiter. »Du würdest dann natürlich bei uns erst mal als Hangaround einsteigen.«

Ich nickte. Hangaround. Das war die erste Stufe auf der Karriereleiter der Hells Angels. Das hatte ich schon von Marvin erfahren.

»Du kannst mir die Woche dann Bescheid geben, wie du dich entschieden hast, damit ich das mit den anderen Jungs besprechen kann, okay?«

Kadir klopfte mir auf die Schulter und ging an mir vorbei, zurück ins Clubhaus.

Ich musste gar nicht lange überlegen, drehte mich zu ihm um und sagte: »Ist okay, Kadir, ich muss nicht drüber nachdenken. Ich will Member werden.«

***

Eine Woche später fuhr ich gemeinsam mit Wojtek in Richtung Berlin-Adlershof im Bezirk Köpenick. Das Meeting sollte außerhalb stattfinden. Das war nicht ungewöhnlich, denn obwohl es im Clubhaus einen eigenen Raum gab, in dem die vollwertigen Member wöchentlich ihre Meetings abhielten, fuhren wir gelegentlich weit in die Natur hinaus, wo man seine Ruhe hatte.

Wir kurvten im Auto den anderen Jungs hinterher. Ich saß auf dem Beifahrersitz, hatte das Fenster heruntergekurbelt und schaute auf die Motorräder vor uns. Wojtek hatte das Radio aufgedreht und ließ aus Spaß irgendwelche Countrymusik laufen. Er wollte einen Scherz machen, aber ich fand, das passte irgendwie gerade. Denn diese Masse an Motorrädern und Autos vor uns, gepaart mit der Musik, das wirkte. Zu diesem Zeitpunkt hatte ich noch kein Motorrad, würde mir aber früher oder später eins besorgen müssen, wenn ich den mir vorgezeichneten Weg eines Hells Angels gehen wollte. Es war Kadir wichtig, dass jeder Member ein Motorrad hatte und dieses auch regelmäßig fuhr.

Nach ungefähr einer halben Stunde Fahrzeit erreichten wir unser Ziel, den Außenbereich eines geschlossenen Restaurants. Nach und nach kamen alle auf ihren Harleys oder mit ihren Autos an und versammelten sich um das Restaurant. Da ich zu diesem Zeitpunkt keine richtige Funktion im Charter hatte, bekam ich von dem Meeting nicht viel mit. Nachdem alle eingetroffen waren, entfernte ich mich gemeinsam mit den Prospekten und Hangarounds ein wenig von der Außenterrasse und schaute mich um. Das Restaurant grenzte an ein Industriegebiet und außer uns war niemand hier. Der perfekte Ort für ein Treffen. Die rund 25 Member standen um einen der größeren Tische an der Außenterrasse und ich sah, wie Kadir mit allen sprach.

Plötzlich löste sich jemand aus der Gruppe und kam auf uns zu.

»Hey, Perser«, sagte er.

Ich zuckte kurz zusammen.

»Komm mal mit!«

Ich nickte und folgte ihm. Nach kurzer Zeit erreichten wir den Tisch, um den sie alle herumstanden. Kadir hatte die Arme verschränkt und sah mich grimmig an. Die Sonne schien ihm auf seinen kahl rasierten Schädel.

»Perser, wir haben hier gerade über dich geredet.«

Er machte eine kurze Pause.

»Du bist ein stabiler Junge und du hast mir ja letztens gesagt, worauf du so Bock hast.« Er lächelte. »Ziemlich deutlich sogar. Ich hatte dir eine Woche Bedenkzeit gegeben, aber du wusstest nach zehn Sekunden schon, was du willst.« Dann löste er die Arme aus der

Verschränkung, kam auf mich zu und griff nach meinem Arm. »Hier, Perser«, sagte er und drückte mir einen Patch in die Hand.

Es war ein schwarz-weißer Patch mit dem Aufdruck »Hangaround«.

Ich sah ihn an und begann zu grinsen. Ich war überglücklich.

»Glückwunsch, Perser!«, sagte er und umarmte mich.

Als Kadir die Umarmung kurze Zeit später löste, sah er mich an und sagte: »Aber zwei Dinge sind jetzt wichtig. Erstens: Du musst herziehen. Hier zu deinen Brüdern nach Berlin. Und zweitens: Besorg dir eine Harley.«

* * *

Das Gefühl, ein Hangaround zu sein und somit den ersten Schritt in Richtung Hells-Angels-Member gemacht zu haben, war großartig. Nach der Patch-Übergabe kamen die anderen auf mich zu, gratulierten und umarmten mich. Ich lachte und war ein wenig erleichtert, dass ich jetzt die Chance bekam, in diesem Charter Karriere zu machen. Schließlich war es ziemlich anstrengend gewesen, ständig zwischen Hamburg und Berlin hin- und herzupendeln. Es fühlte sich an, als wäre ich belohnt worden für die Entbehrungen der letzten Zeit. Auf vielen meiner Fahrten von Hamburg nach Berlin und von Berlin nach Hamburg hatte ich mir vorgestellt, wie es wäre, nicht nur stummer Beobachter zu sein, sondern ein Teil des Ganzen. Und als Hangaround war ich zwar noch kein Member, aber ich war immerhin jemand, der im Wortsinn mit den anderen »herumhing«. Ich war jetzt jemand, der mit diesem Charter verbunden war.

* * *

Wie ernst ich die Sache nahm, stellte ich früh unter Beweis. Einige Wochen nach dem Meeting war ich mit einigen anderen an einem Freitagabend am Berliner Nollendorfplatz unterwegs. Ein berühmt-berüchtigter Platz mitten in Berlin Schöneberg, mit vielen Restaurants, Cafés, Shisha-Bars und vielem mehr. Der Nollendorfplatz war außerdem ein wichtiger Umschlagplatz für Drogen. Das hier war unser Platz. An jenem Freitagabend waren wir mit ungefähr 20 Mann unterwegs. Dieses Herumtreiben war einerseits ganz cool, andererseits ging es auch darum, potenziell anderen Dealern oder sonst wem zu zeigen, dass das hier unser Gebiet war. Und dass wir viele starke, volltätowierte Typen waren.

Das Wetter war angenehm mild, wir setzten uns in den Außenbereich einer Shisha-Bar. Der Besitzer organisierte uns hektisch diverse Wasserpfeifen und als ich an dem grünen Schlauch der Shisha zog und den weißen Dampf ausatmete, musste ich unwillkürlich grinsen. Ich sah nach links und rechts, schaute die Jungs an und dachte an die Zeit in Kiel zurück, an die Schlägerei im Einkaufszentrum, die dafür gesorgt hatte, dass die »Legion 81« aufgelöst worden war. So etwas würde hier wohl nicht passieren.

»Ey«, rief plötzlich einer von uns und deutete auf den Platz. Das gab es doch nicht! Vor uns liefen fast zwei Dutzend Member der verfeindeten Bandidos, wie an ihren Shirts erkennbar war. Die meisten von uns trugen Hells-Angels-T-Shirts und einer der Bandidos spuckte demonstrativ auf den Boden.

Yücel stand sofort auf. Dann ging es ganz schnell. Einer brüllte: »Wir ficken euch«, und schon begann eine Massenschlägerei, mitten am Nollendorfplatz. Die Bandidos waren ebenfalls ungefähr zu zwanzigst und jetzt war es wirklich wie damals im Kieler Einkaufszentrum. Es flogen Stühle, Flaschen, einer von uns warf sogar die große Wasserpfeife, an der ich eben noch gezogen hatte. Das Ganze ging ziemlich schnell, schließlich war Wochenende und die Gegend voller Menschen. Eine Polizeisirene ertönte, kurz nachdem die Schlägerei überhaupt richtig losgegangen war. Als der erste Einsatzwagen stoppte und die Polizisten in voller Kampfmontur auf mich losliefen, warf ich mich auf sie, damit meine Brüder, von denen einige auf Bewährung waren, sicher abhauen konnten. Ich knockte einige Beamte aus, dann packten mich zwei Polizisten, rangen mich zu Boden und brachten mich zur Gefangenensammelstelle, kurz GeSa, die ich ja schon aus anderen Städten kannte.

Am nächsten Tag wurde ich von einem Prospekt abgeholt. Als ich ankam, war die Stimmung ähnlich wie in Kiel sehr gut, denn die anderen hatten mitbekommen, dass ich mich geradegemacht hatte.

Später, als ich Member wurde, bekam ich einen sogenannten Dequiallo, einen schwarz-weißen Patch für eine Gewalttat, insbesondere gegen Polizisten. Die Aktion gegen die Bandidos wurde im Clubhaus von denjenigen, die nicht dabei gewesen waren, sehr gefeiert.

»Gut gemacht, Perser«, sagte Selim zu mir und gab mir einen freundschaftlichen Klapser auf den Rücken. »Den Bullen und den scheiß Bandidos habt ihr es echt gezeigt!«

Ich nickte und lächelte. Schon seltsam, dachte ich und sah mich im Clubhaus um, wo alle, die dabei gewesen waren, sich ihren Respekt von den anderen abholten. Ich kannte die Bandidos ja überhaupt nicht. Keinen Einzigen von denen. Ich hatte keinen Hass auf die – das Feindbild hatte ich erst übernommen, seit ich im Club war. Aber hier reichte ein anderer Patch, eine andere Zugehörigkeit, und schon war man auf der falschen Seite. Dafür war Kadir, der jetzt begleitet von Yasemin, seiner neuen Affäre, durch das Clubhaus ging, das beste Beispiel. Schließlich war er selbst vor nicht allzu langer Zeit ein Bandido gewesen.

* * *

Als ich nach dem Vorfall am Nollendorfplatz von Berlin zurück nach Hamburg fuhr, eröffnete ich Lisa meinen Plan, bald umziehen zu wollen. Sie sollte natürlich mitkommen. Aber sie sträubte sich. Und aus heutiger Perspektive scheint mir ihre Reaktion auch nur verständlich. Der Freund, der eh selten da war und ständig nach Berlin fuhr, um dort mit den Hells Angels abzuhängen, kam jetzt mit dem nicht gerade ausgereiften Plan um die Ecke, dass er ganz in die Hauptstadt ziehen wollte. Ich ließ mich aber nicht beirren und fing schon während unserer Umzugsdiskussion an, im Internet eine Wohnung für uns zu suchen. Ich hatte das Ganze für uns entschieden und witterte in Berlin die Chance, im Leben voranzukommen.

Ohne dass Lisa etwas davon wusste, machte ich einen Termin mit einer Immobilienmaklerin aus und sah mir gemeinsam mit Wojtek wenige Tage später drei Wohnungen in Reinickendorf an. Dass es für mich in Berlin nur nach Reinickendorf ging, das stand außer Frage – schließlich war das Clubhaus in diesem Stadtteil angesiedelt. Was sollte ich in Kreuzberg oder Berlin-Mitte, wenn mein Lebensmittelpunkt, der Club, in Reinickendorf war?

Ich entschied mich für eine der Wohnungen und unterschrieb – ohne dass Lisa die Räume je gesehen hatte – einen Mietvertrag über eine entspannte Dreizimmerwohnung in perfekter Lage. Nämlich nur fünf Minuten Fußweg vom Clubhaus entfernt.

# Es wird ernst – Umzug nach Berlin

Drei Tage vor unserem Umzug wurde ich von einem lauten Knall geweckt. Ich zuckte hoch und stand kerzengerade im Bett. Jemand hatte unsere Wohnungstür eingetreten. Ich hörte laute Stimmen, die durch meine Hamburger Wohnung hallten: »Polizei, bleiben Sie, wo Sie sind!«

Scheiße, was war denn jetzt los?

Lisa zog die Bettdecke über sich und ich hörte, wie meine Tochter in ihrem Kinderzimmer schrie.

»Was soll die Scheiße?«, sagte ich und stürmte lediglich in Boxershorts bekleidet in Richtung Flur. Mir kamen mehrere SEK-Beamte entgegen, die mich zu Boden rangen und das Licht anschalteten.

»Keiner rührt sich«, brüllte der Einsatzleiter.

Vom Boden aus sah ich die Wanduhr, die im Schlafzimmer hing: 2:33 Uhr.

»Mein Kind«, schrie Lisa und sprang ebenfalls vom Bett auf, aber sie wurde unsanft zurückgeschubst.

»Ich sagte: Keiner rührt sich!«, brüllte der Einsatzleiter wieder.

»Alter, lass sie zu unserem Kind«, sagte ich und schließlich durfte Lisa ins Kinderzimmer, während ich weiter auf den Boden gedrückt wurde.

»Alles durchsuchen!«, hörte ich und bekam mit, wie unsere komplette Wohnung auf den Kopf gestellt wurde.

»Was soll das?«, fragte ich den Beamten, der mich immer noch fixierte. »Und könnt ihr Jungs mal von mir runtergehen?«

Sie ließen mich zu meiner eigenen Überraschung tatsächlich kurz in Ruhe, nahmen ihre Knie von meinem Rücken und stellten mich an die Wand. Halb nackt stand ich jetzt hier und wusste nicht, was die ganze Scheiße sollte. Irgendwann wurde ich belehrt und im weitesten Sinne aufgeklärt. Es ging um den Vorwurf der Körperverletzung, ich wurde beschuldigt, jemanden am Hamburger Hauptbahnhof mit einer Machete ins Bein geschlagen zu haben. Am helllichten Tag, vor wenigen Wochen.

»Nicht euer Ernst«, sagte ich und war ehrlich erschüttert.

Es ging nicht mal um irgendeine Sache, die wirklich passiert war, also beispielsweise um die Massenschlägerei in Kiel oder Sonstiges, es war etwas, mit dem ich gar nichts zu tun hatte. Ich stritt alles ab, aber versuchte, ruhig zu bleiben, was angesichts der Tatsache, dass gerade meine Wohnung durchsucht wurde, ziemlich schwierig war.

Nach einer halben Stunde, die mir wie eine Ewigkeit vorkam, war die Razzia beendet. Ich drehte mich um und sah in meinem Schlafzimmer ein halbes Dutzend Beamter stehen, vor ihnen das Ergebnis der Durchsuchung. Der Einsatzleiter sprach mich an: »Herr Zargaran, wir haben das hier gefunden«, und er deutete auf eine Schreckschusspistole, die ich mir vor Jahren gekauft hatte und die jetzt wie ein Fremdkörper inmitten des Raumes lag.

»Ja, das ist keine echte Knarre. Da braucht man keinen Waffenschein für«, sagte ich und kam mir deutscher vor denn je, so wie ich den Polizeibeamten gerade über die Regeln des Waffenbesitzes aufklärte. »Seid ihr deswegen hier? Könnt ihr gern mitnehmen.«

Der Einsatzleiter wedelte vor meinem Gesicht mit einigen Blättern Papier herum, die sich in einem ganz normalen Umschlag befanden: »Außerdem ist uns das hier aufgefallen. Das ist ein Kaufvertrag für ein Auto, das Sie nicht besitzen.«

Ich schüttelte den Kopf. Das war doch ein schlechter Film, was hier abging. Das Auto hatte ich damals für einen Freund gekauft, aber ein Bekannter hatte den Kaufvertrag unterschrieben. Das war vielleicht rechtlich etwas ungewöhnlich, aber sicher kein Schwerverbrechen, das eine Hausdurchsuchung rechtfertigte.

* * *

Mich beschlich generell das Gefühl, dass die Beamten einen nicht erklärbaren Hass auf mich hegten. Schon vor einigen Wochen hatte sich das Jugendamt bei Lisa gemeldet und ihr relativ eindringlich erklärt, ich sei ein Waffendealer, zumindest sei das von der Polizei an sie herangetragen worden, und man würde sich gern mal anschauen, wie es bei uns zu Hause so aussah. Damals hatte Lisa sich um die Sache gekümmert. Sie hatte einen Termin beim Amt gemacht und das Ganze sehr schnell geklärt. Aber das hier war ein neues Level. Jetzt standen frühmorgens hier Beamte herum, hatten alles auf den Kopf gestellt und hielten mir eine Schreckschusspistole und einen unterschriebenen Kaufvertrag vor. Oder ahnten sie, dass ich gerade dabei war, einer Vereinigung beizutreten, die höchst kriminell war? War das die Art, wie der Rechtsstaat mir sagen wollte: Junge, wir wissen, was du machst. Wir haben dich auf dem Schirm. Sieh dich bloß vor!

Ich weiß es bis heute nicht.

* * *

Nach kurzer Zeit sagte der Einsatzleiter in diesem typischen Beamtendeutsch, man werde sich bei mir auf »dem einen oder anderen Weg« melden, was auch immer das bedeuten sollte. Er gab mir eine Karte, auf dem seine Dienstnummer stand, und dann zog die Truppe wieder ab.

Ich schob einige Umzugskartons vor die kaputte Eingangstür und nahm mein Kind in den Arm und sah mich um. Überall waren Spuren der Durchsuchung zu sehen, im Wohnzimmer lagen Daunenfedern auf dem Boden, weil ein Beamter Kissen aufgestochen hatte. Eine Lampe im Flur war zu Bruch gegangen und auf dem Teppichboden lagen die Scherben verteilt. Lisa weinte und ging ins Badezimmer. Na ja, dachte ich und schaute auf die Umzugskartons, die größtenteils unbeschädigt waren, der einzige Vorteil war, dass wir ohnehin auf gepackten Koffern saßen. Wir waren kurz davor, Hamburg für Berlin zu verlassen und die Tatsache, dass hier nachts die Polizei auftauchte und alles auf links drehte, bestärkte mich in meiner Entscheidung.

Ich folgte Lisa ins Bad und sah, wie sie sich mit einem Taschentuch die Tränen vom Gesicht wischte. »Schau mal«, sagte ich und umarmte sie. »Das ist doch scheiße hier. Ist doch gut, dass wir ab morgen weg sind. In Berlin können wir neu anfangen. Ohne diesen Mist. Da wird es ruhiger, da kommen keine Bullen nachts reingestürmt. In Berlin wird alles viel besser werden.«

Ich weiß nicht, ob ich diese Worte damals sprach, um Lisa zu trösten, oder ob ich das, was ich ihr sagte, selbst glaubte. Vielleicht *wollte* ich diese Dinge glauben. Natürlich würde in Berlin überhaupt nichts ruhiger werden – ganz im Gegenteil.

Ich ging aus dem Badezimmer ins Wohnzimmer, griff zu meinem Handy und rief Yücel an.

***

»Was ist los, Perser?« Er ging sofort ran. Im Hintergrund hörte ich mir bekannte Stimmen, sie waren scheinbar irgendwo unterwegs. »Gibt's Stress, oder was?«

Ich erzählte Yücel, was passiert war.

»Brauchst du einen Anwalt?« Er war nach meinen ersten Ausführungen sofort gedanklich bei mir und mahnte die Jungs, die ich im Hintergrund hörte, ihre Fressen zu halten, damit er in Ruhe telefonieren konnte.

»Nee, alles gut so weit«, sagte ich. »Aber ...« Ich schaute vom Flur ins Badezimmer und senkte meine Stimme. »Das ist halt mieser Kopffick einfach. Ich bin hier am Pennen und dann steigen die mit einem riesigen Rumms ein. Ich habe ein Kind hier, verdammte Scheiße! Der Typ vom SEK hat sogar seine Karte dagelassen, das ist garantiert derselbe, der auch dem Jugendamt gesteckt hat, dass ich ein Waffendealer bin.«

Während ich sprach und die Aktion noch mal reflektierte, spürte ich, wie ich wütend wurde. »Den Pisser mach ich fertig!«

»Ruhig bleiben«, ermahnte mich Yücel am anderen Ende der Leitung. »Ruf den Typen doch mal an, aber erst in ein paar Tagen. Und versuch, korrekt zu bleiben. Klar bist du jetzt abgefuckt und sauer, versteh ich alles, Perser, aber in ein paar Tagen bist du bei uns in Berlin und dann wird eh alles besser. Du wirst schon sehen. Dann kommst du endlich in die Familie.«

* * *

Rückblickend lässt sich eine Sache mit absoluter Gewissheit sagen. Wird man Hangaround bei den Hells Angels und macht damit einen ersten Schritt in eine Welt, die den meisten Menschen ihr Leben lang verschlossen bleibt, ändert sich etwas ganz Grundsätzliches: die geistige Einstellung zu diesem Club. Was vorher noch abstrakt ist und ein Ausloten von Möglichkeiten, wird quasi über Nacht Realität. Als Mitglied einer Supporter-Gruppe hat man ein eher loses Verhältnis zum Club. Ab und zu kommt jemand vorbei, man sieht sich und spricht miteinander, aber es ist ein fundamentaler Unterschied, ob du Außenstehender bist oder den ersten Schritt zum Hangaround machst. Mit einem Mal übertrittst du eine Türschwelle und bist mittendrin in einer Welt und in einem Club, in dem Bruderschaft alles bedeutet. Und, wie ich später herausfinden würde, auch wieder nichts.

***

Der Umzug nach Berlin verlief ohne weitere Zwischenfälle. Nachdem wir uns in der neuen Wohnung eingerichtet hatten, war ich für die nächsten Monate jeden Tag im Club. Ohne eine Ausnahme. Am Wochenende übernachtete ich sogar im Clubhaus. Zwar wohnte ich keine fünf Gehminuten von dem Haus entfernt, aber für Hangarounds und Prospekte galt eine Übernachtungspflicht. Es war einfach wichtig, dass wir das Clubhaus instand hielten und vor Ort waren. Zu diesem Zeitpunkt war der Club bereits mein Lebensentwurf, etwas, dem ich mein ganzes Leben unterordnete. Als Hangaround verrichtet man vor allem Hilfsaufgaben. Ich war Ansprechpartner für alles und jeden. Wenn irgendein Member eine Cola aus dem Kühlschrank haben wollte, holte ich ihm die Cola aus dem Kühlschrank. Das hatte damals nichts mit Unterwürfigkeit zu tun, es war eben das normale Prozedere, die normale Karriereleiter, die man hochklettern musste. Die meisten Member oder Prospekte behandelten einen mit Respekt. Aber es gab auch Typen wie Emre, die Gründe suchten, an Hangarounds oder Prospekte irgendwelche Aufgaben zu verteilen. Emre schickte die Hangarounds teilweise aus Spaß irgendwelche nutzlosen Dinge im Baumarkt einkaufen, nur um sich dann im Clubhaus vor allen darüber aufzuregen, wo man denn so lange gewesen sei. Dieser Typ hatte einfach Bock, Menschen zu unterdrücken, und suchte sich am liebsten die Schwachen im Club aus, die er manipulieren konnte. Von Anfang an versuchte ich ihm aus dem Weg zu gehen. Zumeist mit Erfolg.

***

Natürlich litt Lisa unter dem Umzug und der Tatsache, dass ich mein Leben neu ausrichtete und meinen Fokus in eine grundsätzlich andere Richtung lenkte. Sie war viel allein in unserer Wohnung in Berlin, die sie bis zu unserem Umzug nicht gesehen hatte. Dadurch, dass sie in der Stadt nicht arbeitete, war ihr Sozialleben ziemlich eingeschränkt. Aber mit der Zeit besserte sich das Ganze. Es war nämlich nicht so, dass der Club oder die Hells Angels generell keine Frauen schätzten oder sie außen vor ließen. Nein, es war sogar wichtig, auch die Frauen mit in den Club einzuführen. So blieb die Illusion aufrecht, dass wir eben ein Club waren, der zwar für die meisten Außenstehenden nicht zugänglich war, aber eine ernste Beziehung durfte man schon mitbringen. Denn schließlich wurde dadurch die emotionale Bindung an den Club noch einmal verstärkt.

Meine Freundin lernte die anderen Frauen kennen und verbrachte Zeit mit ihnen, beispielsweise mit der Frau von Kadir. Anfangs verstanden sie sich wirklich gut und ich hatte für eine kurze Zeit das Gefühl, das würde jetzt alles so passen. Der Club, meine kleine Familie, mein Aufstieg innerhalb des Charters. Aber das war natürlich Unsinn. Zwischen Lisa und mir kriselte es eigentlich ständig und ich ging meiner privaten Krise bewusst aus dem Weg und warf mich in die Solidarität des

Clubs. Ich hatte den Plan, innerhalb des Clubs so schnell wie möglich aufzusteigen. Dass ich durch meine Abhängigkeit gegenüber dem Club meine Partnerin ebenfalls in eine Abhängigkeit brachte, merkte ich gar nicht. Und damals wäre es mir auch egal gewesen, schließlich war ich Feuer und Flamme.

Gerade in der Anfangszeit war ich fasziniert von dem Clubhaus, von den Ausfahrten durch die Bars, Diskotheken und Shisha-Bars, von dem Respekt, der mir zuteilwurde. Regelmäßig gingen wir ins Artemis, einem riesigen Saunaclub in Berlin. Da der Club gute Connections zu den türkischen Hells Angels hatte, waren wir gern gesehene Gäste und kannten den Geschäftsführer. Das war eben der Vorteil eines international agierenden Clubs. Im Artemis gingen wir in die Sauna, es gab Essen und die hübschesten Frauen kümmerten sich um uns. An manchen Abenden zahlten wir unsere Rechnung, aber oft eben auch nicht.

* * *

Als Hangaround hatte ich einige Pflichten. Jeden Tag musste ich im Clubhaus auftauchen und Präsenz zeigen. Meistens verließ ich unsere Dreizimmerwohnung gegen 8 Uhr morgens und machte für die anderen Jungs und für mich im Clubhaus Kaffee. Dass ich mich einmal einen Tag lang nicht blicken ließ, war ausgeschlossen – ich kam nicht mehr auf den Gedanken, nicht zum Club zu gehen. Es war eine wiederkehrende Routine, fühlte sich aber nicht so an, weil ich mich unter den anderen einfach wohlfühlte.

Wird man bei den Hells Angels Hangaround, bekommt man in der Regel zu Anfang einen Mentor zur Seite gestellt. Bei mir lief das etwas anders ab. Schließlich wusste ich aus meiner Zeit in Kiel, wie es im Club lief, und brauchte daher keinen eigenen Mentor. Ein wesentlicher Teil meiner Pflichten bestand darin »mitzulaufen«. Wenn ein Member irgendwohin wollte, beispielsweise das Geld abholen, das an der Oranienburger Straße an der Prostitution verdient wurde, fuhr man mit. Ging ein Member in einer Bar oder einem Restaurant auf die Toilette, stand man mit auf und stellte sich vor die Toilettentür. Das Ganze hieß »absichern«.

»Weißt du, die Sache ist die: Berlin ist ein Dschungel und als Member der Hells Angels hast du nicht nur Freunde«, hatte Yücel gesagt, als er mir so ein bisschen erklärte, wie das jetzt ablaufen würde. Dass die Hangarounds selbstständig agierten, also nicht erst von einem Member angehauen werden mussten, dass sie doch bitte mal aufpassen sollten, war eine Art Grundvoraussetzung. Solche Mechanismen mussten funktionieren, ohne dass Kadir oder sonst jemand explizit darauf aufmerksam machte. Der Club war im Kern so strukturiert, dass die Hangarounds diese Aufgaben gern übernahmen. Nicht aus einem Pflichtgefühl heraus, sondern aus einem inneren Antrieb. Aus echter Überzeugung.

Als Hangaround war man so ein bisschen Mädchen für alles – nur dass man eben dazu einen Patch hatte – und auch schon eine Kutte trug. Meine Kutte organisierte ich mir damals für 200 Euro von einem anderen Member und ließ mir den Hangaround-Patch aufdrucken. Kutte trugen wir in der Öffentlichkeit fast nie, aber dafür vermehrt T-Shirts mit dem Hells-Angels-Logo. Und dem Zusatz »Berlin City«.

Neben mir gab es noch drei andere Hangarounds, die in den nächsten drei Monaten mit mir zum Prospekt aufsteigen wollten. Zwei der anderen waren genauso motiviert wie ich, Selim und Serdar, aber der dritte, Fatih, passte einfach nicht zu uns. Er kam selten ins Clubhaus und wenn doch, blieb er nur kurz. Er verbrachte nicht die intensive Zeit mit den anderen, die es eben braucht, um ein Teil der Gemeinschaft zu werden. Er ging nicht ans Telefon, wenn Yücel anrief und etwas von ihm wollte – was relativ häufig vorkam –, und ließ sich kaum blicken. Wahrscheinlich ging es ihm nur darum, im Nachtleben und vor irgendwelchen Frauen erzählen zu können, dass er jetzt »auch bei den Hells« sei. Der Typ war eine Lachnummer. Wir anderen hatten alle eine Vergangenheit, hatten dafür gearbeitet, jetzt hier sein zu können, und nichts lag mir zu diesem Zeitpunkt ferner, als irgendwen mit meiner Zugehörigkeit zu beeindrucken. Wozu denn auch? Sicher, das Gefühl, Teil des Ganzen zu sein, war schon etwas Besonderes, ein Ansporn. Aber das Posen als alleinige Motivation? Das funktionierte schon allein deshalb nicht, weil der Rest der Gruppe einen dafür immer verachtet hätte. Im Club zählte der Club. Und ich wollte zeigen, dass ich im Club war. Es dauerte nicht lange, bis ich meine Schlagkraft wieder unter Beweis stellen konnte und es damit sogar in die *Berliner Zeitung* schaffte, die schrieb:

*»Höllen-Engel Kassra Z. zückt am 16. Dezember am Clubhaus an der Residenzstraße (Reinickendorf) gegenüber Polizeibeamten plötzlich ein Messer. Der Angriff*

*kann verhindert werden, doch Z. verdreht einem Beamten den Daumen, nimmt einen weiteren in den Schwitzkasten - Jochbeinprellung.«*

Für viele Menschen vielleicht eine erschreckende Nachricht, für mein Ansehen im Club aber ein echtes Empfehlungsschreiben und ein Zeichen, dass ich es ernst meinte. Unser Charter war bereits jetzt so gefährlich, dass selbst das LKA Ende 2011 in einer internen Mitteilung vor unserer zunehmenden Brutalität mit den folgenden Worten warnte: »Es liegen Hinweise darauf vor, dass Einsatzkräfte bei sich bietenden Gelegenheiten körperlich attackiert werden sollen.« Wie gesagt, hier waren Jungs, die es ernst meinten.

* * *

Meine völlige Hingabe und Schlagfertigkeit, gepaart mit meinem Umzug von Hamburg nach Berlin, brachte mir einige Anerkennung bei den Hells ein. Ich spürte das - manchmal nur durch ein Kopfnicken, wenn ich morgens im Clubhaus auftauchte, manchmal in kurzen Gesprächen. Die Anerkennung befeuerte mich, weiter meinen Weg durch den Club zu gehen. Aber das Ganze hatte natürlich auch seine Schattenseiten. Dadurch, dass es völlig normal war, dass das Wochenende dem Club gehörte, war es für mich und Lisa nicht möglich, eine gesunde Beziehung zu führen. Gemeinsame Kino-Besuche oder längere Ausflüge oder Urlaube mit unserer Tochter waren einfach nicht drin. Es gab nicht einmal den Spielraum für eine Diskussion darüber, ob wir zu dritt einmal an einem Wochenende verreisen würden. Am Wochenende musste ich im Club übernachten. Ich musste bereit sein, falls irgendetwas anstand. Falls einer unserer Läufer am Nollendorfplatz oder woanders Stress mit anderen Läufern oder Dealern hatte, falls die Bandidos oder andere verfeindete Gangs auftauchten, falls irgendwer von den Türen, die wir kontrollierten, sich weigerte, Geld abzudrücken. In dieser Zeit war Berlin ein wildes Pflaster, ein echter Dschungel für uns, wie Yücel es gesagt hatte. Es war daher auch nicht möglich, tiefe Freundschaften zu Leuten zu pflegen, die nichts mit dem Club zu tun hatten.

Auch mit meinem früheren Umfeld hatte ich seit dem Umzug fast nichts mehr zu tun. Tatsächlich besuchte mich Jahre später einmal Marvin aus Kiel, der mir den Weg bereitet hatte. Ich lud ihn ins Clubhaus ein, weil ich ihm zeigen wollte, wie weit ich es geschafft hatte, aber das Ganze ließ ihn unbeeindruckt. Er schaute sich den gefliesten Marmor im Clubhaus an, ich zeigte ihm unseren riesigen Partykeller, die Duschen und die eigenen Wohnungen, die Harleys, und er sagte zwischendurch immer nur: »Aha, cool, cool, Perser. Echt cool.« Aber ich spürte, dass ihm die Sache völlig egal war und er es sogar ein wenig belächelte.

Seine Reaktion regte mich richtig auf. Für mich war das hier nicht belächelnswert, es war das Größte überhaupt. Die ganze Einrichtung des Clubhauses, das riesige Banner, der Marmortisch mit dem eingesetzten Death Head. Das war nicht einfach »cool«, es war die beste aller Welten! Hier waren wir die Outlaws und regierten über Berlin. Jeder kannte uns, wenn wir das Clubhaus verließen.

Der Perser war hier jemand und meine Reise hatte gerade erst angefangen.

* * *

Neben den einfachen Hilfstätigkeiten gab es als Hangaround noch eine andere Sache, der ich mich annehmen musste: Die Beherbergung und generelle Betreuung von Gästen aus dem Ausland. Kadir war drauf und dran, ein Hells-Angels-Charter aufzubauen, das man nicht nur in Berlin oder Deutschland, sondern bestenfalls weltweit kannte, deshalb wollte er, wenn sich Besuch vor allem aus dem Ausland ankündigte, dass dieser eine gute Zeit bei uns hatte. Niemand sollte sagen können, dass die »Hells Angels Berlin City« kein stabiles, starkes Charter seien, das sich nicht um die eigenen Clubgäste kümmerte.

So kam es, dass mich eines Tages im Clubhaus Emre ansprach. Er hatte guten Kontakt zu den amerikanischen Hells Angels und seit einiger Zeit mit einigen Membern von ihnen geschrieben. Ich war zu diesem Zeitpunkt ungefähr einen Monat Hangaround und putzte gerade die Bar.

»Hör mal zu, Perser«, sagte er und stellte sich zu mir.

Ich hoffte einfach nur, dass er nicht irgendeine Drecksaufgabe für mich hatte.

»Wir kriegen am Wochenende Besuch aus Kalifornien. Ein paar Jungs aus den Staaten sind in Deutschland und wollen hier ein bisschen abhängen. Die wollen ins Artemis und so. Bisschen ficken, feiern und so weiter. Die waren schon öfter hier. Kadir hält viel auf die.

Und du weißt ja, dass unser Charter internationale Beziehungen pflegt.«

Ich nickte.

»Wäre gut, wenn du mich begleitest, um die Jungs in Empfang zu nehmen. Du willst doch sicher im Club weitermachen, oder?«

»Klar«, sagte ich.

»Sehr gut, Perser. Du bist auf einem guten Weg, nicht so wie Fatih, der Idiot.«

In diesem Moment fiel mir auf, dass ich Fatih schon länger nicht mehr gesehen hatte.

»Ich zähl auf dich, Perser«, sagte Emre, beendete das Gespräch und ging.

Ich war fertig mit dem Saubermachen, griff mir ein Wasser aus dem Kühlschrank und ging raus in den Innenhof.

Es war gerade Mittag, die Sonne schien und ich setzte mich auf ein hellgrünes Sofa direkt neben den Eingang unter unserem Banner und nahm einen Schluck.

Generell war ich gerade sehr zufrieden. Zwar hatte ich immer noch keine richtige Einkommensquelle, aber das würde sich schon ergeben. Clubmäßig lief es echt Bombe, und ich hatte das Gefühl, ein paar Jungs gefunden zu haben, die mir guttaten. Die meisten kannte ich inzwischen persönlich, mit Selim, Serdar und Wojtek verstand ich mich gut und für die anderen war »Perser« jemand, der immer am Start war, wenn es Action gab.

Ich war keine Nullnummer und wurde von niemandem so behandelt. Was wohl der Hurensohn von Küchenchef Stoll gerade machte? Ich trank mein Wasser leer und stellte es links neben mich auf dem Kiesweg ab. Hier in Berlin zu sein war einfach richtig. Durch die regelmäßigen Ausfahrten lernte ich die Stadt kennen und im Gegensatz zu Kiel oder Hamburg hatte ich vielleicht zum ersten Mal in meinem Leben das Gefühl, irgendwo angekommen zu sein. Ich schaute zum Eingang des Innenhofs. Durch das Tor kam jemand rein. Ich stand auf und kniff die Augen zusammen, die Sonne blendete mich. Eine Gestalt näherte sich. War das etwa …

»Fatih? Was geht ab?«, fragte ich und hielt ihm zur Begrüßung die Hand hin. »Mal wieder hier, oder was?«

»Ist gut, Perser«, nuschelte Fatih und schlug ein, ohne mich anzusehen.

»Was ist los, keine Manieren mehr, oder wie?«

»Ich muss was erledigen«, antwortete er monoton und ging in das Clubhaus.

Ich schüttelte den Kopf. Was war denn mit dem los? Wenige Minuten später kam er zurück – mit seinem Motorrad, einer Sportstar, die wie viele andere Motorräder im Clubhaus geparkt war. Er schob sie einfach an mir vorbei.

»Yo, Fatih …«, setzte ich an, aber er beachtete mich nicht weiter.

Nach wenigen Sekunden wurde die Tür des Clubhauses aufgerissen und Kadir stand im Eingang.

»Wo ist er, Perser?! Hast du Fatih gesehen?«

»Der ist gerade gegangen«, sagte ich und ergänzte achselzuckend: »Mit seiner Harley.«

* * *

Dass Fatih einfach so verschwand, hatte ein Nachspiel. Ihm war wohl klar gewesen, dass Yücel und Kadir sein Motorrad einbehalten würden, wenn er sich noch einmal blicken ließ. Denn das war eine der Regeln bei den Hells Angels: Wenn du den Club verlässt, musst du dein Motorrad zurücklassen und eine Ablösesumme zahlen.

Im Gegensatz zu Selim, Serdar und mir, also den anderen Hangarounds, hatte Fatih schon ein Motorrad. Aber da Kadir und Yücel wussten, wo Fatih wohnte, und weil seine Geschwister über Umwege ebenfalls mit dem Club zu tun hatten, war klar, dass sie reagieren mussten.

Niemand tauchte einfach so im Hells-Angels-Charter »Berlin City« auf und nahm sich ungefragt sein Motorrad mit – vor allem nicht Hangarounds, die dem Club zu oft ferngeblieben waren.

Einige Wochen später kam Fatihs Bruder zu einer Beerdigung, bei der auch Kadir anwesend war. Ich kann nur sagen: Der Junge hatte sich einen schlechten Tag zum Trauern ausgesucht.

* * *

Als kurz darauf der Besuch aus Kalifornien anrückte, begleitete ich die Jungs gemeinsam mit Emre. Die Amis waren, das kann man so sagen, vor allem hier, um in den Puff zu gehen und zu feiern. Ich hing also mit ihnen im Artemis ab, sah ihnen zu, wie sie sich im Keller unseres Clubhauses lange Linien von Koks durch gerollte 100-Dollar-Scheine zogen und vier Tage lang durchfeierten. Es waren vier Tage, an denen ich nicht mehr als zwei Stunden am Stück schlief. Egal, was sie wann und wo wollten, ob sie noch irgendwo hinfahren wollten, ob sie noch in ein anderes Bordell wollten, ich war zur Stelle und gab mein Bestes dafür, dass sie eine gute Zeit hatten. Wenn Lisa anrief, drückte ich sie weg. Die Jungs im Club sollten sehen, dass ich es ernst meinte.

Neben dem Besuch aus Kalifornien empfingen wir auch oft Besuch aus Dänemark, der dann meist eine ganze Woche blieb. Die dänischen Hells Angels genießen bis heute in Club-Kreisen ein hohes Ansehen. Und das aus dem Grund, dass die dänischen Hells Angels die gewalttätigsten und brutalsten auf der Welt sind.

Die Jungs sind fast alle Killer und das zog Kadir schon damals sehr an. Ich war dafür zuständig, dass die Jungs aus Kopenhagen oder Aarhus genug Kokain hatten, um in unserem Partykeller mit Prostituierten durchzufeiern. Zugekokst lagen sie mir dann in den Armen, über unsere Stereoanlage lief Housemusik und als ich neuen Stoff organisierte, sagten sie mir, ich solle doch auch mal nach Kopenhagen kommen. Ich versprach unter der wummernden Musik, dass ich auf jeden Fall rüberfahren würde, sobald ich kein Hangaround mehr sei, die internationale Freundschaft müsse schließlich gepflegt werden.

»Ja!«, brüllte einer der Dänen und griff nach dem kleinen Beutelchen Kokain, das ich in der Hand hatte.

* * *

Trotz der anfänglichen Euphorie gab es ein Thema, das mir mehr und mehr Kopfschmerzen bereitete: meine Finanzen. Zu meiner Anfangszeit als Hangaround verdiente ich nur sporadisch Geld. Ich hatte noch ein wenig Erspartes über, aber der Club kostete auch. Es war nicht so, dass ich Hangaround wurde und danach für mich gesorgt wurde - ich musste als Anwärter auf den Titel eines vollwertigen Members auch zahlen. Zwar war es für alle anderen Member in Ordnung, wenn man seinen Monatsbeitrag von 150 Euro für ein paar Monate nicht zahlte. Aber irgendwann kam der Zeitpunkt, an dem ich dann doch meine Clubschulden bezahlen musste. Tommek, der Treasure, drückte beide Augen zu, schließlich hatte er mit seiner langen Clubvergangenheit mehr gesehen als einen jungen Anwärter, der seine Clubschulden nicht zahlte. Doch auch er würde nicht ewig auf mein Geld warten können. Zusätzlich zahlte unser Charter monatlich in die sogenannte »National«-Kasse ein, also dem Zusammenschluss aller in Deutschland gemeldeten Hells-Angels-Charter. Neben dem Fakt, dass sich meine Club-Schulden anstauten, ich auch meine Familie ernähren musste, gab es zudem ein anderes Problem, das ich irgendwie lösen musste. Mir hing die Stimme von Kadir noch in den Ohren, als er mir vor einigen Monaten meinen Hangaround-Patch in die Hand gedrückt hatte: »Zwei Dinge sind wichtig. Du musst herziehen. Und organisier dir eine Harley.«

Um an Geld zu kommen, verkaufte ich erst mal mein Auto. Jetzt war ich wieder einigermaßen flüssig - zumindest ein paar Tage lang - und zahlte meine angehäuften Monatsbeiträge nach.

* * *

Dann passierten mehrere Dinge gleichzeitig. Zunächst flog ein Member aus unserem Charter: Dennis. Dennis war ein netter, umgänglicher Member, den ich eigentlich gern mochte, der es sich aber wohl irgendwie mit Kadir oder einem der Member, der mehr zu sagen hatte als andere, überworfen hatte. Ich war damals beim Sport, als ich eine SMS bekam. Über Aktivitäten, die den Club betrafen, wurde man sehr schnell informiert. Beispielsweise wenn jemand zum Member gemacht wurde oder den Club verlassen hatte. Verließ jemand den Club, gab es dafür drei verschiedene Statusmeldungen: »Left«, »Left/No Contact« und »Out In Bad Standing«. Das Erste bedeutete, dass jemand im Einvernehmen gegangen war, das Zweite hieß, dass der Club verlassen worden und es nicht gestattet war, weiter mit der Person in Kontakt zu bleiben, und der dritte Status bedeutete, dass die Person vogelfrei und es allen egal war, was mit ihr passierte. Dennis' Status war auf Left/No Contact gesetzt.

Als ich wieder im Clubhaus war, wurde ich nachdenklich. Das war der erste Verlust von jemandem, den ich wirklich mochte. Ich erinnerte mich daran zurück, wie ich zu Anfang, als ich noch nicht nach Berlin gezogen war, mit Dennis und seiner Freundin eine Kleinigkeit essen war und über Kiel und das Hamburger Charter herzog und die Berlin-City-Jungs, das Clubhaus und Kadir wie eine Erleuchtung anpries. Ich zeigte Dennis die Klamotten, die Kadir mir geschenkt hatte, und war stolz. Dennis hatte mich damals lächelnd angesehen, sich zurückgelehnt und gesagt: »Alles gut, Perser. Genieß das alles ruhig. Du bist noch neu im Club. Aber merk dir eins: Es ist nicht alles Gold, was glänzt.«

Es dauerte viele Jahre, bis ich verstand, was er damit meinte.

* * *

Im Gegensatz zu Fatihs Rauswurf lief Dennis' Ausschluss eher gesittet und entspannt ab. Er ließ seine Harley im Club und ich sagte Yücel, dass ich sie gern kaufen würde – schließlich brauchte ich so ein Teil, um Prospekt zu werden, was für mich ja der nächste Step war. Hangaround – Prospekt – Member – so der Weg, den ich mir ausgemalt hatte. Ich zahlte an Yücel 5000 Euro, bekam die Schlüssel und Papiere ausgehändigt und hatte jetzt eine Harley. Zwar konnte ich sie nicht fahren und sie stand mitten im Clubhaus, aber ich besaß eine – und das war das, was erst mal zählte. Und ich fuhr später auch gern Motorrad, allerdings nie mit der Harley, die ich dem Club abgekauft hatte. Ich nahm einige Fahrstunden, um ein Gefühl für das Motorrad zu bekommen, aber wenn wir Ausfahrten machten, lieh ich mir das Motorrad eines Prospekts und auch mit diesem fuhr ich nur in Ungarn, denn dort gab es nur eine Geldstrafe, wenn man ohne Führerschein fuhr. In Deutschland hatte ich aufgrund einiger Vorfälle aus der Vergangenheit mittlerweile Fahrsperre. Trotzdem hatte ich Bock, am Club-Leben teilzunehmen, zu dem eben auch das Motorradfahren gehörte.

Einige Wochen nachdem ich die Harley erstanden hatte und jetzt dringend einen Job brauchte, vermittelte mir ein Member einen Türsteherjob im Tripple X, einer neu eröffneten, dreistöckigen Diskothek in der Frankfurter Allee. Gemeinsam mit einigen anderen Jungs machte ich die Tür, was mir etwas Geld in die Kasse spülte.

So hielt ich mich also einigermaßen über Wasser und die Türsteherjobs machten mir tatsächlich Spaß. Später kamen noch Inkasso-Jobs hinzu, die in etwa so abliefen, dass ich mit einigen anderen schweren Jungs bei Gläubigern auftauchte, die ihre Schulden nicht zahlten. Wir mussten hier in der Regel nie handgreiflich werden. Wenn wir klingelten und dem Gegenüber, einmal war es sogar der Inhaber eines großen Hotels, erklärten, dass unser Auftraggeber gern sein Geld hätte, wurde in der Regel schnell gezahlt. Seitens der Clubpolitik war es uns völlig freigestellt, womit genau wir unser Geld machten. Aber wichtig war, dass bei allen Geschäften, bei denen es um Drogen oder Waffen ging, der Club etwas abbekam.

# Vom Hangaround zum Prospekt

»Yo, Perser? Komm mal rein. Wir müssen was mit dir klären.«

Ich sah in das Gesicht von Emre und nickte. Es war Frühling 2012. Ich war jetzt schon seit drei Monaten Hangaround und war irritiert von den verschränkten Armen und dem ernsten Gesichtsausdruck, den Emre aufgelegt hatte. Er war zwar immer noch ein unangenehmer, nerviger Zeitgenosse, aber in der letzten Zeit hatten wir uns ganz in Ordnung verstanden. Schließlich war auch an ihm nicht vorbeigegangen, dass ich mich schon gut bewährt hatte. Die Nollendorfplatznummer, die Sache mit den Polizisten vor dem Clubhaus, das kam bei allen anderen und auch bei Kadir gut an. Aber ich glaube, er mochte genau das nicht, dass ich mich im Club gut aufstellte und die anderen mich durch die Bank weg mochten.

Umso verwirrter war ich von seinem strengen Gesichtsausdruck. Eigentlich hatte ich damit gerechnet, dass ich heute ein neues Level betreten würde. Dass ich vom Hangaround zum Prospekt ernannt würde. Im Prinzip war das eher eine Formalie, es änderte sich nicht wirklich viel. Eigentlich bekam der Hangaround lediglich einen anderen Patch und war dann eben Prospekt.

Aber man war eine Stufe näher an der vollen Memberschaft, was, seit ich nach Berlin gezogen war, mein unbedingtes Ziel war, meine Vision, die ich verfolgte und für die ich brannte. Der Rang des Prospekts war für mich etwas, das auf dem richtigen Weg lag. Einfach ein gutes Feedback mit der Kernmessage: Alles gut, Perser, die Dinge laufen, wie sie sollen.

Aber warum zum Teufel zog Emre dann so eine Fresse?

Ich folgte ihm und wurde langsam nervös. Emre schloss die Tür. Ich sah die anderen Member vor mir am Tisch sitzen. Kadir stand auf und ergriff das Wort. Alle anderen schwiegen.

»Also, Perser ...« Er ging ganz langsam um den Tisch und fixierte mich dabei. Dann stand er vor mir und ich konnte seinen Atem riechen. »Wir wollten dir nur sagen ...« Er drehte sich von mir weg, schaute zu den anderen und nickte ihnen zu. Dann wandte er sich wieder an mich. Kadir schüttelte den Kopf.

»Die Sache ist: Wir hassen dich, Junge. Du bist echt ...« Doch bevor er den Satz vollendete, holte er mit seiner rechten Hand aus und legte mir den neuen Prospekt-Patch in die Hand »... ein Prospekt!«

Vom Rest bekam ich nicht viel mit, denn mit der Übergabe des Patches schlug er mir in die Seite. Ich zuckte zusammen und sah aus dem Augenwinkel, wie die anderen Jungs aufstanden und auf mich einprügelten. Ich ging zu Boden und spürte, wie alle auf mich einschlugen.

»Geil, Perser, korrekt«, hörte ich Stimmen, während ich Tritte und Schläge abbekam. Tritte und Schläge, die zwar physisch wehtaten, mir aber in dem Moment egal waren. Denn ich war soeben Prospekt geworden. Geil! Unter Schmerzen lachte ich, nach wenigen Sekunden hörten sie auf und Yücel half mir hoch. Ich stand aufrecht und war jetzt also Prospekt. Ich hatte die nächste Stufe erklommen, und gleichzeitig geschah nach diesen drei Monaten in Berlin etwas mit mir. Ich wurde nicht nur durch ein Abzeichen mehr und mehr zu einem vollwertigen Member der Hells Angels, sondern vor allem durch die Art und Weise, wie ich meine Umgebung wahrnahm, als einer von ihnen. Ich dachte mittlerweile wie ein Hells Angel. Mein Umfeld bestand zu 100 Prozent aus diesen Menschen. Ich stellte nichts infrage. Es war völlig normal, dass ich 24/7 im Club war.

Ich sah es nicht als meine Pflicht an, sondern als eine Chance, die ich nutzen musste. Und zwar genau jetzt in diesem Moment und in diesen Monaten. Zu diesem Zeitpunkt hätte mich, da bin ich mir ziemlich sicher, niemand davon abhalten können, den Weg als Hells Angel weiterzugehen. Durch den Club wurde ich, ohne dass ich es merkte, unempathisch und emotional kälter.

Ich hätte einen befeindeten Bandido ohne Grund krankenhausreif geschlagen, einfach weil ich wusste, dass die Dinge jetzt eben so waren. Ich stumpfte richtig ab - auch innerhalb des Clubs. Die Ansätze der Freundschaften, die ich mir aufgebaut hatte, verblassten, denn vor den Menschen, mit denen man im Club Zeit verbringt, stehen die Werte des Clubs. Und nicht die Empfindungen derjenigen, die ihm angehören. Wäre ein Mitglied des Charters in dieser Zeit zu mir gekommen und hätte mir erklärt, er zweifle gerade an dem Club und wüsste nicht, ob er wirklich Member werden wollte, hätte ich ihm einen Vogel gezeigt. NATÜRLICH willst du Member werden. Was denn sonst? Warum bist du sonst hier? Wenn es dir nicht passt, verpiss dich eben!

Vor dieser Zeit hatte es für mich kein Szenario gegeben, in dem ich mich so bedingungslos einer einzelnen Sache und einer Vereinigung verschrieben hätte. Meine Persönlichkeit und meine eigenen Vorstellungen waren mir immer wichtig gewesen und ich war in meinem bisherigen Leben immer damit angeeckt. Ob das jetzt gut oder schlecht war, sei mal dahingestellt, aber ich eckte an, machte meine eigenen Erfahrungen und lernte daraus. Ich hatte mich in meinem Leben immer allein durchgekämpft. Angefangen von der Schulzeit, über die Zeit im Iran und auch während meiner Kochausbildung.

Mir war es immer wichtig, meinen eigenen Kopf und meine eigenen Gedanken zu haben. Aber hier im Club stieß ich mit meinem freien Willen an meine Grenzen und merkte es nicht einmal. Das lässt sich aus heutiger Sicht – vor allem für mich selbst – schwer erklären. Aber es war eben so. Die Manpower und die Zustimmung, die man in diesem Universum erfährt, ist unbeschreiblich anziehend und verführerisch. Im Club lebt man in Extremen, wacht morgens im Clubhaus auf, duscht dort, lebt dort und wird Teil des Clubs. So sehr ein Teil davon, dass man irgendwann vergisst, wer man war, wo man herkommt und vor allem, wo man eigentlich mal hinwollte. Wo wollte ich eigentlich hin? Was hatte ich werden wollen? Und wieso war ich hier? Was würde eigentlich nach dem Member-Status kommen? Solche Fragen stellte ich mir gar nicht, es ging mir nur darum, im Club weiterzumachen.

* * *

In dieser Zeit lernte ich auch das Verhältnis der Polizei und des LKA zu den Hells Angels kennen. Vor unserem Clubhaus gab es regelmäßig offene Observierungen. Die meisten Polizisten in Zivil oder die Beamten des LKA tauchten bei uns in der Residenzstraße auf, parkten ihre sehr unauffälligen VW Passats oder ähnlichen Autos auf der anderen Straßenseite und protokollierten, wer wann in das Clubhaus kam. Das zu sehen war für mich anfangs seltsam, aber man gewöhnte sich schnell daran. Und weil die anderen im Club es nicht ernst nahmen, nahm ich es auch nicht ernst. Die regelmäßigen Observierungen gaben uns teilweise das Gefühl, jetzt wirklich im Fokus zu stehen. Das war nicht unbedingt schlecht, denn wenn es nötig war, uns zu observieren, hieß das ja auch, dass wir einen gewissen Bekanntheitsgrad erreicht hatten.

Zudem waren einzelne Beamte richtige Fans von uns. Wir hatten das Gefühl, dass manche von ihnen gar nicht anders konnten, als uns zu überwachen. Einfach weil sie uns nahe sein und einen Teil des Hells-Angels-Mythos live miterleben wollten. Koslow, der »Russe«, war ein braunhaariger, dicker Typ Mitte dreißig mit dunklen Augenringen, der so unscheinbar war, wie man das als Ermittler wohl sein muss. Er trug zu jeder Jahreszeit eine schwarze Lederjacke und sah damit aus wie ein ziviler Fahrkartenkontrolleur der Berliner Verkehrsbetriebe. Uns allen war dieser Typ mehr als unangenehm. Nicht nur weil wir wussten, dass er im Bereich Rocker und Rockerkriminalität ermittelte, vielmehr nervte uns, dass er in seinem Auftreten so wahnsinnig unprofessionell war. Er grüßte mich und die anderen von seinem VW Passat aus, wenn wir ins Clubhaus gingen, und wenn die Polizei uns etwas mitteilen wollte, war es immer der Russe, der eine Gefährderansprache hielt oder das Gespräch mit Kadir oder Yücel suchte. Ich glaube, er fand es auf irgendeine Art und Weise cool, so mit uns verbunden zu sein, und es fehlte nicht allzu viel, da hätte er nach einem Selfie vor unserem Banner gefragt. Seine Obsession für uns ging so weit, dass er uns später in seiner Freizeit auf Ausfahrten ins Ausland folgte – ohne dass er dafür beauftragt worden wäre. Der Russe, da war ich mir sicher, wäre am liebsten einer von uns gewesen.

Ein verdeckter Ermittler, der ebenfalls immer wieder auftauchte und ziemlich unangenehm war, war ein Kerl, den wir »Frankie« nannten. Er war schmächtig, hatte kleine Augen und war stets perfekt rasiert. Für ihn war das wohl alles ein großer Actionfilm. Ich bin mir bis heute nicht über seine Rolle im Klaren, denn einmal bekam ich mit, wie er mit Membern unseres Charters sprach und diese anschließend die anderen Jungs im Sahara warnten, dass gleich oder zu einem späteren Zeitpunkt eine Razzia stattfinden würde. Frankie spielte ein doppeltes Spiel, so viel stand für mich fest.

* * *

Weil Kadir wollte, dass unser Charter auch außerhalb von Berlin wahrgenommen wurde, fuhren wir während meiner Prospekt-Zeit sehr oft zu allen möglichen Regional-Meetings und zu jedem großen Deutschland-Meeting der Hells, das jedes Jahr an einem anderen Ort stattfand. Das waren in der Regel Meetings, bei denen sich über hundert Mann trafen, aus allen möglichen Chartern der Bundesrepublik. Viele andere Hells-Angels-Charter nahmen die überregionalen Treffen weniger ernst, aber Kadir wollte, dass wir nicht bloß die Outlaws der Outlaws waren, einfach ein unsichtbares Kanacken-Charter mit Jungs, die ihr eigenes Ding machten, ein trauriges Überbleibsel von Alt-Rockern und kriminellen Migranten, sondern er wollte, dass wir auch das Leben eines Höllenengels lebten und dafür regelmäßig in Kontakt mit Mitgliedern von anderen Chartern kamen. Das gefiel mir ziemlich gut. Ich glaubte an das, was Kadir uns vorlebte.

Während meiner Zeit als Prospekt kam es nicht selten vor, dass ich im Clubhaus mit den Jungs draußen abhing und dachte: Es ist alles genau richtig hier. Im Sommer stellten wir Sessel und Stühle an der Hauptstraße auf, laberten Blödsinn und hatten einfach eine gute Zeit. Es war witzig zu beobachten, wie die Leute immer einen riesigen Bogen um uns und um das Clubhaus machten – obwohl wir nichts taten, außer dort rumzusitzen. Auch wenn wir mit 15 Mann in ein Restaurant kamen, konnten wir live mitansehen, wie die Menschen vor Ehrfurcht erstarrten, und es wäre gelogen zu behaupten, das hätte nichts mit mir gemacht. Mit dieser Kutte und meinem Patch war ich jemand. Mein Selbstvertrauen wuchs durch die Abzeichen und Auszeichnungen, weil der Club mir damit zeigte, dass ich mich innerhalb dieser Strukturen bewährt hatte. Durch die Verbindung zum Club bekam ich etwas, das man mit Geld nicht kaufen konnte. Ein Image, einen Ruf, ein Mysterium. Meine Schultern wurden breiter und ich hatte das Gefühl, die Zeit mit meinen Brüdern könnte immer so weitergehen. Das hier war keine billige Straßenscheiße, wo man abgezogen und fallen gelassen wurde. Das hier war mehr als eine Freundschaft, mehr als eine Zweckgemeinschaft. Es war eine echte Bruderschaft. Und vielleicht war ich sogar süchtig danach.

* * *

Es war ein Sonntagvormittag in Berlin im Frühling 2012. Lisa und ich waren mit unserer Tochter auf einem Spielplatz in Reinickendorf. Die Kleine spielte im Sandkasten, neben ihr stand ein kleiner gelber Schaufelbagger und mit einer Form war sie dabei, kleine Türme aus Sand zu bauen. Ein paar andere Kinder waren auch hier und klischeemäßig standen die Eltern vor ihren Kinderwagen, tranken Cappuccino und unterhielten sich über Kitaplätze, Krabbelgruppen, nachhaltige Holzspielzeuge und andere Berliner Spielplatzthemen. Ich sah, wie meine Tochter freudig zu mir herüberschaute, den Schaufelbagger emporhob und mir damit winkte. Ich winkte zurück. Neben mir stand Lisa. Ich legte meinen rechten Arm um ihre Schulter und sie legte ihren Kopf an meinen Hals. Die Sonntage waren im Club immer Familientage, es gab für niemanden Anwesenheitspflicht. Meine Tochter war mittlerweile vier Jahre alt und ich überlegte, ob wir in der kommenden Woche am Sonntag nicht mal zu dritt ins Freibad fahren könnten. Dann vibrierte mein Handy. Ich griff in meine Hosentasche und las auf dem Display: »CLUBHAUS. JETZT. ALLE.«

Ich sah die drei Wörter in Großbuchstaben. Die SMS kam direkt von Yücel. Ich schaute mich um. Das Clubhaus war nicht weit von hier und so eine Nachricht an alle kam nicht ohne Grund. Ich musste jetzt los und löste mich von Lisa. Sie schaute mich irritiert an. »Alles gut«, sagte ich, griff in meine Hosentasche und fummelte einen zerknitterten 50-Euro-Schein hervor.

»Ich muss los. Hier, macht euch einen schönen Tag«, sagte ich, gab ihr das Geld und rannte in Richtung Clubhaus.

* * *

»Was ist los, Jungs?« Als ich wenig später in der Residenzstraße ankam, waren bereits ein gutes Dutzend Hells Angels im Innenhof versammelt. Hangarounds, Prospekte, Member.

»Yo, Perser, gut, dass du da bist«, sagte Yücel, nickte mir zu und sprach dann zu allen: »Hört mal, die Araber haben einem Läufer von uns am Nollendorfplatz in die Fresse gehauen. Die haben wohl gedacht, er sei in ihre Area eingedrungen. Aber das ist Müll. Das ist unsere Area, schon immer. Das wissen die, das wissen wir.« Yücel spuckte auf den Boden, um seine Verachtung auszudrücken. »Deshalb, ihr, die jetzt da seid, geht da hin und klärt das. Wenn die Ärger wollen, haut die weg. Das kann nicht warten.«

Yücel war zu diesem Zeitpunkt unser Sergeant at Arms und für die Bewaffnung zuständig. Und schon damals hatte er mehr zu sagen als Hamza, der zwar unser Vizepräsident war, aber immer weniger zu melden hatte. Zwar war es gerade bei solchen Geschichten unnötig, wenn nicht sogar gefährlich, mit einem riesigen Arsenal an Waffen loszuziehen, aber ganz unvorbereitet konnten wir auch nicht sein. Ich hatte ein scharfes Messer der Marke Fox bei mir, bevorzugte aber, meine Fäuste sprechen zu lassen. Nach der Ansage von Yücel liefen wir sofort los.

Nach kurzer Zeit erreichten wir den Nollendorfplatz und steuerten auf das Café zu, das Yücel uns genannt hatte. Bei diesen Geschäften lief es immer gleich: Das Gras wurde an mehrere Cafés, Shisha-Bars oder Wettbüros verteilt und direkt hieraus weiterverkauft. Oder die Läufer, die für uns arbeiteten, holten es ab und verkauften es auf der Straße.

Schon als wir uns dem Café näherten, wusste ich, dass es Stress geben würde. Davor standen drei oder vier Jungs und diskutierten auf Arabisch.

»Okay, Jungs«, sagte Ilkay, ein Prospekt, und ging auf die Gruppe zu. »Hab gehört, ihr habt ein Problem damit, dass wir hier die Grenzen einhalten? Wir geben euch gern mal Nachhilfe in Geometrie. Diese Ecke hier ist unsere Ecke. Wenn ihr einem der Jungs, die für uns arbeiten, auf die Fresse haut, ist das so, als würdet ihr einem von uns auf die Fresse hauen.« Ilkay schaute dem jungen Araber, der bestenfalls 19 Jahre alt war, direkt ins

Gesicht. »Und ich sag dir, wie es ist, Junge, mir haut keiner so schnell in die Fresse.«

Dann ging alles sehr schnell. Einer der Jungs machte einen Schritt nach vorn und ein Handgemenge brach los. Ilkay reagierte schnell und holte CS-Gas aus seiner Tasche, ein farbloser Tränenreizstoff, den er versprühte.

»Ya Kelb, du Arschloch!«, rief einer der Jungs und griff in seine Jackentasche.

»Scheiße, der hat eine Waffe«, hörte ich neben mir. Wie in Zeitlupe sah ich, wie der Araber eine Pistole hervorholte, und schlug sie ihm geistesgegenwärtig aus der Hand. Der Schuss löste sich trotzdem und traf einen seiner Freunde am Arm, der laut schrie. Blut spritzte auf den Bordstein.

»Fuck!«, rief Ilkay.

Jetzt war hier mehr Action, als wir gewollt hatten. Wir hörten die Polizeisirenen und rannten.

* * *

Solche Revierkämpfe gab es regelmäßig, sie waren fast an der Tagesordnung. Denn im Unterschied zu Hamburg oder Kiel gab es in Berlin viel kriminelle Konkurrenz. Die Bezirke waren klar aufgeteilt, Neukölln beispielsweise lag voll in der Hand arabischer Großfamilien, weshalb wir uns aus diesem Bezirk fernhielten. Trotzdem ging es Kadir auch darum, den Frieden mit den arabischen Clans zu wahren, und wir koexistierten mit den großen Namen der Berliner Unterwelt, so gut es ging. Mit Arafat Abou-Chaker, dem Kopf des berüchtigten Abou-Chaker-Clans, war Kadir gut befreundet und so kam es teilweise zu Bündnissen. Wir stellten eine Zeit lang die Türsteher des Matrix, einem bekannten Club an der Warschauer Straße, mit dem Arafat verbandelt war. Ausbrüche wie an dem besagten Sonntag am Nollendorfplatz gab es zwar immer wieder, aber es kam zwischen den Großfamilien und uns nie zu einem offenen Krieg, worauf beide Seiten sehr bedacht waren. Das Verhältnis zu Arafat führte zu seltsamen Begebenheiten, denn als die Mutter des Rappers Bushido starb, dessen Manager Arafat damals war, war es Kadir ein wichtiges Anliegen, dass wir als Hells-Angels-Charter auf der Beerdigung auftauchten und unser Beileid ausdrückten. Natürlich stilecht mit Kutte. Ich war damals schon vor Ort, aber fand die Sache etwas seltsam, auch wenn ich meine Zweifel für mich behielt. Niemand von uns kannte die Frau, die dort beigesetzt wurde, aber vor ihrem Grab versammelten sich unter den Augen der Berliner Polizei verschiedene arabische Großfamilien, ein paar Rockerclubs aus Berlin und der näheren Umgebung und jeder, der in Berlin etwas zu sagen hatte. Nur um zu zeigen: Wir sind mit Arafat und den Abou-Chakers unterwegs. Es ging nicht darum, einen toten Menschen zu betrauern, es ging darum, zu sehen und gesehen zu werden.

* * *

Nachdem wir nach der Aktion am Sonntag zurückgekehrt waren und uns von den anderen hatten feiern lassen, war ich Montagnachmittag ungewohnt früh vom Clubhaus losgefahren. Meine Tochter war traurig, dass ich am Tag zuvor gegangen war, ohne mich zu verabschieden, also wollte ich es wiedergutmachen und sie vom Kindergarten abholen.

Das war für alle anderen in Ordnung. Schließlich hatte ich mich am Sonntag für den Club ins Kreuzfeuer begeben und ein paar Typen umgehauen. Dass meine Familienstruktur stabil blieb, war auch im Interesse des Clubs. Ich parkte unweit des Kindergartens und unterhielt mich vor der mit Fenstermalfarbe verzierten Tür der Igel-Gruppe, in der meine Tochter war, mit einer Erzieherin über die absurden Mietpreise in Berlin. Dass ich dabei selbstverständlich ein T-Shirt der Hells Angels »Berlin City« trug, fiel mir gar nicht auf.

Die Koexistenz dieser beiden Dinge, das von Gewalt und Revierkämpfen bestimmte Clubleben auf der einen und das zumindest scheinbar glückliche Familienleben auf der anderen, war für mich zu diesem Zeitpunkt völlig normal. Meine Tochter fiel mir lachend in die Arme und zeigte mir auf der Rückfahrt vom Kindergarten das Bild einer Ente, das sie gemalt hatte. Trotzdem litt sie natürlich genau wie Lisa unter meiner Mitgliedschaft. Denn ich war mit dem Kopf die meiste Zeit im Club und schenkte ihnen zu wenig Aufmerksamkeit. Zum Ausgleich kaufte ich meiner Tochter ein teures selbst fahrendes Auto für 300 Euro, organisierte einen Geburtstag auf einem teuren Indoor-Spielplatz und versuchte meine fehlende Zeit mit ihr durch Materielles auszugleichen – was langfristig natürlich nicht funktionieren konnte. Damals stand der Club für mich an erster Stelle, nicht meine eigene Familie.

Was dazu führte, dass es mit Lisa immer schlechter lief. Oftmals ließ ich mich tagelang nicht blicken. Es blieb auch nicht bei der einen Ausnahmesituation am Sonntag auf dem Kinderspielplatz, regelmäßig wurde ich im Familienalltag von Yücel oder Kadir angerufen oder bekam eine SMS. Meine Reaktion war immer die gleiche. Ich zückte mein Portemonnaie, gab meiner Freundin Geld und rannte los, um mich um die Angelegenheiten des Clubs zu kümmern.

* * *

Aber es ging im Club auch nicht allein um Kriminalität. Es gab im Alltag dort durchaus Momente, die wirklich lustig waren und in denen wir gemeinsam Spaß hatten. Allerdings beruhte dieser Spaß oft auf dem Leid anderer. Member, die sich profilieren wollten und in den Strukturen der Hells Angels sicher verankert waren, suchten sich leicht manipulierbare Jungs aus und stellten sie bloß.

An einem Abend war einer der Prospekts ziemlich gut drauf. Er hatte gerade etwas mit einem Mädchen am Laufen, sprang durch den Club und versuchte jeden mit seiner guten Laune anzustecken. Einer der Member spürte, dass der Prospekt die Bühne suchte und sprach ihn vor versammelter Mannschaft an.

»Yo«, sagte er. »Hast gute Laune, ne?«

Der Prospekt nickte.

»Pass auf, ich habe eine Wette für dich.« Der Member griff zu seiner Bauchtausche und holte ein Bündel Geldscheine heraus, aus dem er einen grünen Schein zog und vor sich auf den Bartresen legte. »Ich wette, du traust dich nicht, für diesen Hunni einmal aus dem Clubhaus zu rennen, zur Tankstelle um die Ecke und wieder zurück.«

»Hä?«, fragte der Prospekt und griff nach dem 100-Euro-Schein. »Klar mach ich das.«

Der Member hob seine Hand. »Stopp! Nicht in Klamotten. Nackt!«

Wir anderen lachten. Emre stand neben dem Member, der die Aktion anzettelte, und sagte: »Macht der Pisser eh nicht.«

»Ich leg noch einen Hunderter drauf«, sagte Wojtek von hinten.

Mehrere Jungs schlossen sich an und auf einmal lagen um die 500 Euro auf dem Bartresen im Clubhaus.

»Nichts leichter als das«, sagte der Prospekt, zog sich komplett nackt aus und rannte über die Straße zur Tankstelle und wieder zurück.

»So ein Idiot«, sagte einer und wir alle lachten.

Als er wieder zurückkam, gab der Member ihm das Geld und hielt jubelnd seinen rechten Arm hoch. Das war noch einigermaßen harmlos.

Aber einige Tage später, wieder im Clubhaus, sah ein anderer Member, wie einer der Jungs, wieder ein Prospekt, einen Ayran trank. Der Member setzte sich zu ihm.

»Wie viele schaffst du?«, fragte er.

»Was meinst du?«, fragte der Prospekt.

»Na, wie viele Ayran schaffst du?«

»Ich weiß nicht, zwei Dutzend?« Der Prospekt war verunsichert. »Ich trinke jeden Tag einen Ayran.«

Der Member grinste und stand auf. »Hört mal alle her«, sagte er und hob die Arme, damit alle auf ihn aufmerksam wurden. »Ich will, dass ihr jetzt alle zuhört. Ich sage es, wie es ist. Der Prospekt kriegt einen Member-Patch, wenn er jetzt 30 Ayran hintereinander trinkt. Ich werde mich dafür gerade machen.«

»Ehrlich?« Der Prospekt konnte seinen Ohren nicht trauen. »Dein Ernst?«

»Klar, Mann. Ich kläre das für dich mit dem Chef und den anderen.«

Der Member wies einen Hangaround an, sofort drei Paletten Ayran zu besorgen. Nach weniger Zeit stapelten sich die weiß-blauen Ayran-Becher vor dem Prospekt und er begann in einer Wahnsinnsgeschwindigkeit einen nach dem anderen zu trinken.

Nach dem fünften Ayran konnte er natürlich nicht mehr. Aufgequollen hing er in einem Sessel, der milchige Ayran rann ihm aus der Nase und seinem Mund.

»Ist das Sperma von deinem Lover?«, fragte Emre, trat vor und schlug dem Prospekt »zum Spaß« in den Bauch, woraufhin dieser aufstoßen musste und sich mit Ayran vollkotzte. Gelächter brauch aus, auch der Member, der für diese Show verantwortlich war, applaudierte. In diesem Moment war das zwar lustig, aber eigentlich eine komplette Demütigung. Zum einen natürlich für den Prospekt, der jetzt Ayran kotzend vor uns lag und alles für einen Member-Patch tun würde, aber irgendwie auch für uns. Denn der Junge war ja eigentlich unser Bruder. Ein junger Prospekt, wie es alle Member einmal gewesen waren. Und jetzt standen wir um ihn herum und lachten ihn aus. Was für eine Bruderschaft sollte das sein?

# Das Charterverbot und die Neustrukturierung

Ende Mai 2012 geschah dann etwas, das alles grundsätzlich umwarf. Ich erfuhr davon über das eigene Presseportal der Hells Angels. Miller, unser Pressesprecher, teilte dort mit, dass das Charter Berlin mit sofortiger Wirkung aufgelöst sei.

»Seit gestern Nacht haben sich der HAMC Berlin City, Berlin City MG 81 und Berlin City Crew 81 aufgelöst« – so hieß es in der knappen Mitteilung.

Ich war schockiert, aber konnte das Ganze relativ schnell einordnen. Der Staat hatte geplant, unser Charter zu verbieten, und Kadir Padir wollte dem zuvorkommen. Einer der Berliner Nomads hatte Kadir einen Tipp gegeben. Wir waren vollkommen ahnungslos gewesen, dabei hätte man diese polizeiliche Maßnahme auch ohne jeden Hinweis vorhersehen können, da zuvor bereits das Hells-Angels-Charter in Köln aufgelöst worden war, ebenso das in Kiel. Deutschland räumte an der Rockerfront auf.

Ich begriff sofort, dass die Auflösung unseres Charters nur ein taktischer Move war, und machte mich, als ich am frühen Morgen die Nachricht bekam, direkt auf zum Clubhaus in der Residenzstraße. Die meisten unserer Jungs waren bereits damit beschäftigt, Patches, Embleme, T-Shirts und alles strafrechtlich Relevante aus dem Gebäude zu schaffen. Auch das große Banner und alles, was auf die »Hells Angels Berlin City« verwies, wurde in angemietete Garagen verfrachtet, den schweren Death Head aus Marmor nahm Yücel mit.

Schweigend misteten wir aus. Wir wussten, dass die Aktion vor allem der Öffentlichkeit galt und die Selbstauflösung ein strategischer Move war, damit die Polizei nichts finden konnte, aber niemand räumt gern sein eigenes Clubhaus leer, in dem man jahrelang gelebt hat.

Nachdem das Gröbste erledigt war, verabschiedete ich mich und ging kurz nach Hause, und als ich am frühen Abend wiederkam, sah ich mehrere Einsatzwagen mit Blaulicht vor dem Clubhaus stehen. Jetzt wurde das Verbot offiziell vollstreckt. Umgeben von mehreren vermummten SEK-Beamten, die sich vor das Gebäude stellten, bekam Kadir die 38-seitige Verfügung vom Einsatzleiter zugestellt. Wir anderen warteten zunächst in Sichtweite, wir sammelten uns in einem Café, waren uns aber nach kurzer Zeit einig, dass es am einfachsten wäre, einfach zurück zum Clubhaus zu gehen und uns der Polizei zu stellen. Wir hatten offiziell ja nichts zu verbergen. Über 500 Polizisten durchsuchten das Gelände, sperrten alles mit rot-weißem Flatterband ab und neben der Polizei fuhren mehrere TV-Wagen vor, die mit ihren Kameras draufhielten.

»Schönen guten Tag«, sagte Yücel zu einem der Beamten und ging auf ihn zu. Ein gutes Dutzend anderer Jungs und ich folgten ihm. Yücel hob demonstrativ die Arme hoch und sagte zu den Beamten: »Na, dann wollen wir mal anfangen.«

Nach und nach wurden wir alle abgetastet und mussten uns entlang der Steinmauer vor dem Clubhaus aufstellen. Die Beamten nahmen unsere Personalien auf und fingen an, einzelne Jungs direkt auszufragen. »Erzählt doch mal«, sagte einer, den wir schon von den Observierungen kannten. »Wer hat hier welchen Rang?«

Wir alle schwiegen, während das Clubhaus durchsucht wurde, ließen uns lediglich abfertigen und untersuchen.

Zwei Beamte nahmen meine Personalien auf, setzten mich in einen Streifenwagen und fuhren mit mir zu meiner Wohnung. Lisa hatte ich bereits informiert, und sie hatte die Wohnung mit unserer gemeinsamen Tochter verlassen, sodass die Beamten die leere Wohnung nun erfolglos nach verbotenen Clubsachen durchsuchten.

* * *

Nachdem der Club offiziell aufgelöst worden war, herrschte unter uns zunächst eine große Unsicherheit. Alle waren irritiert. Unser riesiges Clubhaus war leer, sogar die Toilette wurde herausgerissen, wir durften uns dort nicht mehr blicken lassen. Yücel kontaktierte mehrere Anwälte, um die Rechtslage zu prüfen und zu schauen, wie es weitergehen konnte.

Klar war, dass wir fortan wirklich aufpassen mussten, weil wir komplett im Fokus der Polizei standen. Die Härte unseres Charters, auch gegenüber dem Rechtsstaat, hatte dazu geführt, dass die Beamten jede Gelegenheit suchten, um uns wegzusperren.

Wir wurden angewiesen, unsere alten Telefone nicht mehr zu benutzen, weil nicht klar war, ob wir bereits abgehört wurden und wenn ja, wie lange schon. Also kümmerte sich Dragan darum, dass wir alle billige Zehn-Euro-Samsung-Handys bekamen, mit neuen SIM-Karten. Ab jetzt durften wir in Textnachrichten unsere Namen und Treffpunkte nicht mehr nennen und lediglich Uhrzeiten austauschen. Der Ort eines Treffens wurde für jedes Meeting neu entschieden und wir waren auf der Suche nach einem neuen Clubhaus für uns. Chucky, der ältere Bruder von Kadir, hatte zwischenzeitlich ein Shisha-Café, das Gate 51, übernommen. Teilweise trafen wir uns dort, oder wir fuhren raus nach Berlin Schönwalde oder ins ländliche Berliner Umland. Je weiter weg, desto besser. In das mittlerweile beschlagnahmte Clubhaus konnten wir nicht zurück, denn dann hätten wir als Nachfolgeorganisation unseres jetzt offiziell verbotenen Charters gegolten. Das Gate 51 in der Nähe des Kurt-Schuhmacher-Platzes war eine Zwischenlösung, aber mehr auch nicht. Ein Hells-Angels-Charter wie unseres zwischen Wasserpfeifen und Stapeln von Apfel-Minze-Tabak? Das kam allen etwas unwürdig vor und erinnerte speziell mich an das traurige Hells-Angels-Café in Hamburg.

* * *

Obwohl wir offiziell aufgelöst waren, existierten wir bemerkenswerterweise ganz selbstverständlich weiter.

Wer wirklich ein Hells war, blieb es. Gerade in diesem Moment.

Sicher ist es möglich, Banner, Badgets, T-Shirts, Kutten und Merchandise zu beschlagnahmen und vor Fernsehkameras ein Clubhaus leerzuräumen und öffentlichkeitswirksam das große Eingangsschild abzumontieren. Aber das hieß nicht, dass wir auch von der Bildfläche verschwanden. Unsere Struktur war geschlossen wie zuvor und keiner von uns hatte vor, der Polizei den Gefallen zu tun und jetzt alles hinzuwerfen.

So vergingen die ersten Wochen nach der offiziellen Auflösung. Wir konnten zwar keinen Besuch mehr empfangen, keine Dänen oder Amerikaner ins Artemis ausführen, aber wir machten weiter und besprachen unsere Geschäfte und Deals. Wir waren bloß vorsichtiger und umsichtiger als je zuvor.

***

Diese neue Vorsicht hielt uns jedoch nicht davon ab, Anfang Juni einen World Run nach Unterpremstätten bei Graz zu fahren. Bei einem World Run trifft sich alljährlich die Elite der Hells Angels. Die weltweit führenden Mitglieder beraten dort die aktuellen Agenden und Pläne des Clubs. Für uns gab es damals keinen Grund, auf das Treffen zu verzichten, also fuhren wir mit vier Autos und breiter Brust los. Ich glaube, es war Kadir wichtig zu zeigen, dass wir noch da waren. Es ging dabei auch um das Selbstverständnis des Clubs gegenüber der internationalen Hells-Angels-Gemeinde. Klar war es möglich, das Charter zu verbieten, aber die einzelnen

Mitglieder, die immer noch in den Strukturen lebten, konnte man nicht verbieten und so brachte uns unser Auftreten in Graz auch Respekt ein.

Auf dem Rückweg trafen wir dann einen alten Bekannten wieder. Wir versammelten uns vor dem Hotel, in dem wir die letzten drei Tage übernachtet hatten, und wollten gerade in die Autos steigen und zurück nach Berlin fahren, als Serdar meinte: »Ey, Jungs, da hinter dem Haus steht ein Auto mit Berliner Kennzeichnen und langer Antenne!«

Yücel nickte mir zu. »Perser, geh mal gucken, was da los ist.«

Ich ging um das Hotel herum und sah einen braunen VW Passat auf einem Parkplatz stehen. Vor dem Wagen stand irgend so ein Typ. Das gab es doch nicht! Das war Koslow, der Russe. Er war uns bis nach Österreich gefolgt. Der Typ hatte wirklich Nerven.

* * *

»Jungs, ich weiß, was wir machen.«

Wir befanden uns auf einem stillgelegten Güterbahnhof irgendwo außerhalb von Berlin, als Kadir das Wort ergriff.

Mittlerweile waren zwei Monate seit dem Verbot vergangen und es war Sommer. Der World Run war eine gute Abwechslung für uns gewesen, aber es war auch ein wenig frustrierend zu sehen, dass wir dort nicht wie gewohnt auftreten konnten und den anderen, auch den internationalen Hells Angels, erklären mussten, was bei uns ablief.

Kadir fackelte nicht lange, sondern kam direkt zum Punkt: »Wir machen einfach vier neue Charter«, sagte er. »Wir gehören zwar alle zusammen, aber es gibt keine Zuschreibung für die Bullen. So können die uns nicht ficken.« Er schaute erwartungsvoll in die Runde.

Nach und nach kam zustimmende Anerkennung von allen Anwesenden. Dann erläuterte er seinen Plan: In Berlin sollten unter seiner Führung vier neue Clubs gegründet werden: Easttown, Northtown, Westtown und Southtown. Um nicht als Nachfolgeorganisation zu gelten, durften nicht mehr als zwei Mitglieder des alten Charters in einem der neuen Clubs unterkommen. Um die Behörden komplett zu verwirren, sollte für jedes neue Charter in Berlin ein eigenes Clubhaus gesucht werden und außerdem sollten neue Kutten mit neuen Aufnähern verteilt werden. Aus der nickenden Zustimmung wurde ein euphorischer Jubel. »Geil, Kadir!«, und: »Du bist der Geilste!«, sagten die Jungs und klatschten Beifall.

Der Plan war gut. Über den Presseverteiler schickte Miller die News an die Öffentlichkeit – auch an die Polizei. Welches Mitglied in welchen Bereich ging, das entschied jemand, dem Kadir zu 100 Prozent vertraute: Tommek. Dieser schickte uns nach dem Meeting am Güterbahnhof eine Mail zu, der wir entnahmen, zu welchem Charter wir jetzt gehörten. Wichtig war, dass nicht zu viele Jungs mit Vorstrafen unter einem Charter liefen, sodass die Polizei nicht zu aufmerksam auf einzelne Untergruppierungen wurde.

Der Plan ging auf, Polizei und Justiz konnten dagegen erst mal nichts machen. Obwohl sich außer dem Namen eigentlich nichts geändert hatte. Kadir hatte weiterhin das Sagen über die fast hundert Mann starke Gruppe und war der Präsident aller vier Charter. Einerseits hielt er alle zusammen, andererseits konnte er seine Machtposition im Club stärken und verteidigen. So langsam liefen die Sachen wieder in die richtige Richtung. Außerdem gab es noch einen weiteren Lichtblick. Ende des Jahres konnten wir das Café Sahara in der Gerichtsstraße mieten – was fortan unser neues inoffizielles Clubhaus wurde.

* * *

Wir waren alle ziemlich froh, dass es wieder losging und wir mit dem Sahara einen neuen Treffpunkt gefunden hatten. Das Sahara reichte zwar von der Ausstattung nicht an das ehemalige Clubhaus in der Residenzstraße heran, aber es war ein Anfang und besser, als sich ständig draußen zu treffen.

Als die Polizei über die Pressemitteilung mitbekam, dass Kadir das Charter einfach gesplittet hatte, drehte die durch. Einige Wochen nach der Neugründung kam einer der Beamten, den wir durch die offene Observierung kannten, mit hochrotem Kopf ins Sahara gestürmt und fragte Kadir, was die Scheiße solle.

Aber Kadir zuckte nur mit den Schultern. »Keine Ahnung, was du meinst, mit kriminellen Vereinigungen oder so was haben wir nichts zu tun, wir sind einfach nur ein paar Jungs aus der Hauptstadt, die gern Motorrad fahren.«

Die Justiz und die Polizei hatten allen Grund, sauer zu sein, denn die neue Struktur stellte sie natürlich vor eine fast unlösbare Aufgabe. Nach vielen Jahren der Observierungen, Gefangennahmen, Ermittlungen und Befragungen war es durchaus möglich, ein Charter zu verbieten. Aber vier Charter, die offiziell nichts miteinander zu tun hatten?

Das war nicht so einfach. Es war ein Irrglaube der Polizei, dass es möglich war, einfach so die Organisation zu verbieten, um damit die gesamte Struktur zu beerdigen. Ich glaube, das wussten die Bullen damals auch. Sie hofften nur einfach, dass wir keinen Weg finden würden, uns wieder zusammenzuraffen. Aber Kadir fand einen.

* * *

Außerdem gelang es ihm in dieser Phase, weiter für die Faszination der Hells zu sorgen. Man muss sich das klarmachen: Die Hells Angels waren in den Jahren davor medial groß geworden und unser Charter zeigte, dass ein Rockerclub nicht aus älteren und etwas verlotterten Männern bestehen musste, sondern aus jungen, frechen, gewaltbereiten Typen mit Migrationshintergrund. Kadir suchte neben dem Kontakt zu den Großfamilien auch die Nähe zur Hip-Hop-Szene. Ein Jahr, nachdem das Sahara zu unserem neuen Treffpunkt geworden war, drehte Fler für seine Single *Echte Männer* vor unserem Clubhaus. Ich fand das etwas albern und ich konnte, obwohl ich natürlich erst mal froh war, dass alles weiterlief, nicht verstehen, warum wir plötzlich zum Objekt der Begierde für andere wurden. Aber Kadir war es nach der Zersplitterung unseres Charters wichtiger denn je, dass wir gesehen wurden.

* * *

Diese Verbindung zur Popwelt führte auch dazu, dass ich im Jahr des Charterverbots kurzfristig den Personenschutz für Rihanna übernahm. Im Rahmen der Chris-Brown-Tour begleitete sie ihn Ende November zu dem Konzert in der O2 World und wollte anschließend zu einer Aftershowparty im Adagio, einem Nachtclub nahe des Potsdamer Platzes. Der Veranstalter buchte uns Berliner Hells Angels als Sicherheitskräfte.

Zusammen mit ein paar anderen Jungs eskortierte ich also Rihanna am Abend nach dem Konzert vom Hotel bis zum VIP-Bereich des Clubs. Ich kann mich noch gut daran erinnern, dass sie den kurzen Fußweg nutzte, um an einem Joint zu ziehen, aber weil sie mit ihrer ganzen Entourage unterwegs war, ging sie ziemlich langsam, sodass ich sie von hinten etwas drückte. Da blieb sie dann stehen, sah mich mit ihrer riesigen schwarzen Sonnenbrille und ihrem Joint in der Hand an und sagte: »Hey, stop pushing me.«

Ich verdrehte die Augen und begleitete sie in den Club. Nach dem Abend brachten wir sie wieder zurück, der Job war erledigt und wir bekamen alle 200 Euro.

* * *

Diese Jobs waren zwar unterhaltsam und brachten mir auch Geld, aber in dieser Phase spürte ich das erste Mal, dass es mit dem Club und mir nicht mehr so richtig passte. Ich verstand diese seltsame selbst gewählte Aufmerksamkeit nicht so recht. Ich dachte über mein bisheriges Leben nach. War es das jetzt, was ich wollte? Ich war noch kein Member, aber bewegte mich schon so lange in den Strukturen, dass allen klar war, ich gehörte dazu. Auch wenn mir mehr und mehr auffiel, dass andere, die ich später den »inneren Kreis« nannte, viel mehr Einfluss hatten.

Ich fing an, mich nach anderen Verdienstmöglichkeiten umzuschauen, und machte einen Sicherheitsschein. Mittlerweile kannte ich mich mit Security-Jobs gut genug aus und hatte vor, eine Sicherheitsfirma zu gründen. Irgendwie war das hier alles nichts mehr für mich.

Jeden Tag machte ich diese Gewerbeschein-Ausbildung auf dem Ku'damm, jeden Tag für drei Monate war ich von 9 bis 16 Uhr unterwegs und danach im Club. Zwar entfernte ich mich noch nicht von meinen Brüdern, aber es fiel schon auf, dass ich ein wenig mit anderen Dingen beschäftigt war. Hinter meinem Rücken wurde geredet, das spürte ich.

# Endlich Member

Nach meiner Gewerbeschein-Ausbildung stieg ich mehr und mehr in diverse Sicherheitsjobs ein. Ich arbeitete im Lustgarten in Berlin und einem Undercover-Club in einem alten Stadtbad in der Gerichtsstraße, nicht weit weg vom Sahara, zudem koordinierte ich ein eigenes Sicherheitsteam. Das waren abwechslungsreiche und coole Jobs. Das Publikum war meist nett, Hipster-Studenten, die Drogen nahmen und entspannt feierten. Ich sah das erste Mal seit Langem etwas anderes als den Club und setzte meinen Fokus neu. Irgendwie hatten die Strukturen und der Alltag im Club ihren Reiz verloren.

Schließlich hatten wir im Frühjahr 2013 wieder ein Meeting im Sahara. Ich wartete draußen und quatschte mit den anderen. Dann rief Malik Selim und Serdar hinein, die nicht wieder rauskamen. Nach kurzer Zeit wurde ich gerufen.

»Yo, Kassra«, sagte Kadir. »Schön, dass du da bist.« Um ihn herum saßen die anderen Member. »Wir wollten dir was sagen: Du bist ein Spasti und wir haben keinen Bock auf dich. Geh am besten zurück nach Hamburg.«

Mir stockte der Atem. Niemand rührte sich.

Was hatte er gerade gesagt?

Aber nach wenigen Sekunden konnte Yücel nicht mehr an sich halten und fing an zu lachen.

Kadir sprach weiter. »Ach, komm her, du Idiot, du bist jetzt ein Member, herzlichen Glückwunsch!«

Ich wurde umgestoßen und es wurde wieder auf mich eingetreten. Ich freute mich trotz allem wahnsinnig. Jetzt war ich also da, wo ich hinwollte. Ich war Member.

Zurück in unserer Wohnung in Reinickendorf hielt sich die Euphorie über meinen Aufstieg allerdings in Grenzen. Ich erzählte Lisa davon, aber sie kommentierte es nur mit einem einfachen: »Ist doch schön, vielleicht ändert sich ja jetzt was.«

Für sie waren die Dinge mittlerweile schwer aushaltbar. Die Ereignisse der letzten Zeit, dass unsere gemeinsame Wohnung nach der Sache in Hamburg zum zweiten Mal durchsucht worden war, auch die Tatsache, dass unser Charter jetzt komplett im Fokus der Justiz stand – all das hatte dazu geführt, dass sie sich emotional von mir abgewandt hatte. Zwar war sie mit im Club involviert und kannte die Frauen der anderen Member, war mit der Frau von Kadir sogar befreundet, aber sie konnte diesen Lifestyle nicht nachvollziehen. Wie auch? Sie sah nur das, was sich in den letzten Jahren abgezeichnet hatte: Es gab kaum noch den Mann namens Kassra, aber dafür immer mehr den Perser. Perser, der sich für den Club geradmachte. Perser, der sonntags vom Spielplatz aus losmusste, wenn irgendeine SMS reinkam, und ihr als Ausgleich etwas Bargeld in die Hand drückte.

Trotzdem bedeutete mir der Member-Patch auch jetzt, wo ich langsam an dieser ganzen Struktur und an der alleinbestimmenden Art von Kadir zu zweifeln begann, noch eine ganze Menge. Aber es veränderte sich etwas. In einer Bar in Zehlendorf lernte ich eine andere Frau kennen, die dort hinter dem Tresen arbeitete. Eine hübsche brünette Frau mit einer feinen Stupsnase. Das war Melanie. Es entstand eine neue Liebe, während meine alte zerbrach.

* * *

Als ich das erste Mal bei einem Meeting dabei sein durfte, war das ein ganz besonderes Gefühl für mich. Ich war stolz und dankbar, dass der Club meine Leistung honorierte. Meine Stimme zählte, an diesem runden Tisch im Hinterraum des Saharas. Zumindest dachte ich das am Anfang – aber die Realität holte mich schnell ein. Denn bereits bei meinem ersten Meeting gab es eine Situation, die mir zu denken gab.

»Alles klar, Jungs.« Kadir erhob das Wort. »Beim heutigen Meeting geht es darum, dass ein Red-Devils-Charter gegründet werden soll. Ihr wisst schon, ein weiterer Supporter-Club für uns. Unter der Führung von Niels, Chris und Maurice. Ihr kennt die meisten ja, die Ost-Berliner.«

Ich dachte nach. Niels kannte ich, allerdings war er aus unserem Charter rausgeflogen. Soweit ich mich erinnern konnte, war sein Status: Left.

»Das sind alles sehr stabile, gute Jungs. Einige von uns arbeiten ja auch mit denen. Also, die werden unsere neue Supporter-Gruppe. Hat da jemand was dagegen?«

Ich schaute mich um. Alle schwiegen. War das jetzt eine offizielle Abstimmung? Wenn ja, würde ich dagegen stimmen. Ich kannte die Typen nicht, außer Niels, und ich hatte nicht das Gefühl, dass er ein glaubhafter Höllenengel war. Schließlich hatte er den Club verlassen. Warum sollten uns Leute supporten, die wir nicht kannten?

Ich hob die Hand, um etwas zu sagen.

»Was gibt's, Perser?«, fragte Kadir gelangweilt und hantierte mit einem Zahnstocher herum.

»Nichts, Kadir, aber ich bin dagegen.«

Kadir legte die Stirn in Falten.

»Was meinst du?«, fragte er, schaute mich über den hölzernen Tisch hinweg an und legte den Zahnstocher vor sich hin.

»Na ja«, sagte ich, etwas verunsichert, und wunderte mich über die plötzliche Stille, die im Raum eingekehrt war.

»Ich finde das ehrlich gesagt nicht so cool. Kadir, das sind doch nicht unsere Leute. Niels hat den Club verlassen und die anderen kenne ich kaum.«

Yücel, der neben mir saß, schaute mich mit einem verächtlichen Blick an. »Dein Ernst?«, fragte er und gab einen zischenden Laut von sich. »Was ist dein Problem?«

Ich drehte mich zu Yücel. »Habe ich doch gerade gesagt. Mein Problem ist, dass ich die nicht kenne. Wir stehen voll im Fokus und gründen jetzt einfach so eine neue Supporter-Truppe, die keiner kennt? Das ist doch scheiße!«

»Ist gut«, sagte Kadir und machte eine Handbewegung, mit der er Yücel zum Schweigen brachte. Demonstrativ lehnte er sich zurück, legte seine Hände übereinander und sein Hemd spannte wie immer über seinem Bauch. Dann schaute er in die Runde und sprach halb mit mir, halb mit allen anderen: »Ist doch schön, Perser, dass du hier deine eigene Meinung hast. Deinen eigenen Kopf. Ganz ehrlich, ist doch super. Hast du noch mehr Meinungen, die du vielleicht kundtun willst? Wie findest du denn zum Beispiel den aktuellen Polizeichef von Berlin? Ich finde das interessant, was du noch so zu erzählen hast.« Kadir grinste über beide Backen.

Ich schaute ihn an und grinste ebenfalls. Sekundenlang starrten wir uns jetzt grinsend an. Du Wichser, dachte ich und hörte nicht auf zu grinsen. *Du kleiner Wichser.* Er stellte mich hier vor allen bloß.

»Also gut, Jungs«, Kadir sprach weiter. »Sonst noch jemand außer Perser, der Bedenken hat? Perser, hast du noch Bedenken?«

»Alles gut«, sagte ich. Das mechanische »Fick dich«-Grinsen hatte sich in meinem Gesicht verfestigt.

Kadir nickte und lehnte sich wieder nach vorn. »Alles klar, dann machen wir das so. Ich sag den Jungs Bescheid. Ist gut für uns, richtig gut. Dann ist das Meeting jetzt beendet. Jemand Bock, was zu essen?«

* * *

Nach diesem ersten Meeting war für mich klar, dass etwas nicht stimmte. Ich hatte es schon geahnt, aber ich war mir jetzt zu 100 Prozent sicher, dass es eine Art inneren Kreis gab, der mehr zu sagen hatte als andere.

Dass Kadir der Sprecher und Entscheider von allem war, war immer klar gewesen, aber nach dem Meeting verstand ich erst, wie dominierend, narzisstisch und intolerant er sein Charter führte. Es gab keinen Platz für eine eigene Meinung, gab kein Mitspracherecht, außer vielleicht für diejenigen, die ihm nahestanden oder die er schon aus frühester Berlin-City-Zeit kannte. Zwar suggerierten der Club und Kadir: Klar, du hast eine Meinung und bist als Member an allen Entscheidungen beteiligt. Aber das war Unsinn. Denn wenn man seine Meinung einmal aussprach, wie ich es bei meinem ersten Meeting getan hatte, dann wollte Kadir oft nichts davon hören.

Bei den Hells Angels galt das »One man, one vote«-Prinzip. Im Grunde sollte bei Abstimmungen also jede Stimme gleichwertig zählen. Aber in der Praxis war dem eben nicht so. Ich war richtig desillusioniert. Denn ich war kein Mitentscheider, sondern nur Mittel zum Zweck, einer von vielen, die dem großen Charter-Chef Kadir Padir hinterherrannten. Es war Teil seines Charakters und auch Teil des Bandidos-Prinzips gewesen, in dem Kadir das Charter so führte, wie er es eben gerade wollte. Nur hatte ich das vorher nie gesehen.

* * *

Die ersten Stunden und Tage nach dem Meeting war ich ruhiger und oft für mich. Wie gewöhnlich traf ich die anderen im Club, aber ich ging manchmal länger allein spazieren, um nachzudenken – etwas, das ich vorher nie getan hatte. Ich dachte nach über mich und über meine Rolle in dieser Bruderschaft, die keine war. Hier Mitglied zu sein erfüllte immer einen Zweck, der vor allem Kadir diente und denjenigen, die Teil seines Inner Circle waren. Denjenigen, die er um sich scharte. Hier war sich jeder selbst der Nächste. Klar, es gab eine gewisse Kameradschaft, und im Charter sammelte man sich unter dem Hells-Angels-Banner, die Aktionen, die hier gemacht wurden, und die Denkweise waren wirklich eine andere Nummer als die »Straßenscheiße«, von der Marvin mir früher in Kiel erzählt hatte. Aber nichtsdestotrotz war es eine Vereinigung, in der jeder auf seinen Vorteil bedacht war.

Je länger ich darüber nachdachte, desto mehr fiel mir auf, mit was für Typen ich mich eigentlich abgab. Jeder Einzelne von ihnen geierte Kadir oder Yücel hinterher und war heiß darauf, einen Rang aufzusteigen und einen weiteren, völlig nichtssagenden Patch zu bekommen. Und wofür?

Ein Prospekt hatte sich vor versammelter Mannschaft mit Ayran vollgekotzt, ich hatte mich mit Polizisten geprügelt, weil mir - bewusst oder unbewusst - klar gewesen war, dass das im Club honoriert wurde. Dazu ging es in vielen Gesprächen immer wieder um einen bestimmten Satz: »Wir haben dich zu dem gemacht, was du bist.« Das sagten Yücel und Kadir immer dann, wenn ihnen klar wurde, dass ich infolge meiner Arbeit für mein eigenes Sicherheitsunternehmen jetzt manchmal fehlte und vor allem regelmäßig Geld verdiente. In ihren Augen war mein neuer beruflicher Erfolg ihr Verdienst, der Verdienst des Charters. Aber das stimmte nicht. Ich hatte das geschafft, *obwohl* ich Member war. Klar, der Club hatte mich aufgenommen. Aber was hatte ich dafür alles aufgegeben? Mein komplettes vorheriges

Leben. Ich hatte meine Freundin und meine Tochter vernachlässigt, war über Nacht nach Berlin gezogen und hatte mich blind einer Sache verschrieben, die mir im Grunde eher schadete. Und dass ich auf eigene Faust eine Ausbildung gemacht hatte, fand das Charter hinter meinem Rücken scheiße. Wo war die Solidarität und die Bruderschaft denn jetzt?

* * *

Nachdem ich Member geworden war, konnte ich die Strukturen der Hells Angels klarer erkennen. Und auch meine persönliche Einstellung zu Kadir Padir änderte sich. Hatte ich ihn zu Anfang noch als umgänglich und fürsorglich wahrgenommen, als jemanden, der mich direkt zu sich nach Berlin holte und mich und die anderen gönnerhaft zum Essen einlud, wurde mir nun mehr und mehr bewusst, dass es ihm vor allem um sich und seine eigene Historie ging.

Ohne dass ich es groß bemerkte, wurde ich vom glühenden Anhänger zum stillen Beobachter. Mir fiel auf, wie er sich bei jedem Anlass in den Mittelpunkt stellte und von früher erzählte. Von den großen Taten bei den Bandidos, von einzelnen Aktionen, die wir gemacht hatten, von der Stärke unseres Charters, von den brutalen Dänen, die alle gemordet hatten, und so weiter. Das hatte er zwar immer schon getan, jetzt fiel es mir aber erstmalig auf. Waren wir im Sahara oder in einer Shisha-Bar, fuhren wir mit unseren Autos herum, um Gelder aus den Cafés abzuholen, spielte einer im Clubhaus am Automaten oder war er am Handy beschäftigt, saßen wir in einem Restaurant oder irgendwo sonst gemütlich zusammen – nach kurzer Zeit fing Kadir immer wieder an: »Hört mal zu, Jungs«, sagte er, oder: »Ey, passt mal auf«, und dann lehnte er sich vor und erzählte irgendeine vermeintlich heftige oder krasse Geschichte, bei der es um unseren Charter ging, aber vor allem auch um ihn selbst und seine glorreiche Rockervergangenheit. War zufällig jemand anderes gerade dabei, etwas zu erzählen, übertrumpfte ihn Kadir mit seiner eigenen Geschichte.

Vor allem die Jungs, die neu bei uns waren, konnten den Mythos des Clubs live miterleben, erzählt von ihm, dem großen und mächtigen Rockerboss Kadir Padir.

Sein Talent, Leute zu vereinnahmen, kam ihm bei seinen Geschichten immer sehr zugute. Heute weiß ich, dass hinter vielen Geschichten und auch hinter seinen vielen Ehrversprechungen nichts steckt, aber mit seiner Art zu sprechen hat er damals eine gewisse Klientel angesprochen – wie eben auch mich. Menschen, die an irgendetwas glauben wollten und die Zugehörigkeit zu einer Gruppe suchten.

* * *

Mein stummes Zweifeln an der Struktur unseres Charters und an Kadir fiel sehr schnell auf nahrhaften Boden, denn im Jahr 2013 lief der Club völlig aus dem Ruder. Es gab mehrere Momente und Geschehnisse, die dazu führten, dass ich mich binnen relativ kurzer Zeit von dem Club verabschiedete. Einer dieser Momente war die Hochzeit von Wojtek und das Theater, das Kadir darum veranstaltete. Zu diesem Zeitpunkt war Wojtek bereits aus dem Club raus, was für alle Beteiligten am besten war. Er beglich seine offenen Schulden beim Club, ließ seine Harley da und ging.

Als er ging, war ich ziemlich erleichtert. Ich mochte Wojtek, aber er hatte mittlerweile einen schweren Stand im Charter gehabt. Mehr und mehr distanzierte er sich vom Clubleben und entdeckte, dass es auch noch Menschen außerhalb des Hells-Angels-Charters gab. Eine Erkenntnis, die Kadir und dem inneren Kreis nicht gefiel. Egal, was er tat, Wojtek wurde dumm angeschnauzt und bei jeder Gelegenheit fertiggemacht, vor allem von dem kleinen Widerling Emre. Ich fand es schade, dass er ging, aber es war das Beste für ihn. Und es wäre sicherlich auch alles in Ordnung gewesen, aber es sickerte durch, dass Wojtek, kurz nachdem er den Club verlassen hatte, heiraten wollte.

Wojtek bat Kadir, dass, wenn Member aus dem Charter zu seiner Hochzeit auftauchen würden, sie bitte ohne Farbe kommen sollten. Also ohne Erkennungszeichen der Hells, ohne T-Shirts, ohne irgendwas. Das hatte einen triftigen Grund, denn sein zukünftiger Schwiegervater war Polizist. Er wollte mit dem Club und seiner Vergangenheit einfach abschließen und ein neues Leben beginnen. Im Sahara drehte Kadir vor versammelter Mannschaft durch. »Was glaubt der Junge, wer er ist?«, fragte er in eine Runde voller Hangarounds, Prospekts und Member, die alle mal wieder an seinen Lippen hingen. Er schlug auf den Tresen: »Was denkt der Junge, wer er ist und was denkt er vor allem, wer wir sind? Wer *ich* bin?«

Es kam, wie es kommen musste. Am Tag der Hochzeit fuhren einige Member zu der Hochzeitsfeier. Und natürlich kamen sie in Kutte.

Wojtek war einer der Ersten im Club gewesen, den ich kennengelernt hatte. Er hatte mich zu meinem ersten Meeting gefahren. Und jetzt wurde er so gedemütigt und behandelt, als hätte er sich nicht für den Club und das Charter und für Kadir geradegemacht. »Geradegemacht«, so wie sie es immer alle wollten. So wie sie es von jedem Einzelnen verlangt hatten. Ich verließ das Sahara an jenem Abend auffällig früh, aber ich konnte nicht mehr länger mit diesen Idioten herumhängen und so tun, als wäre das alles in Ordnung für mich.

* * *

Neben dem Vorfall auf Wojteks Hochzeit gab es noch zwei weitere Situationen, die mir verdeutlichten, mit was für »Brüdern« ich da eigentlich täglich rumhing.

Die erste Situation hatte eine lange Vorgeschichte und war ausschlaggebend dafür, dass ich mich endgültig von der Person Kadir Padir abwandte. Die Ausgangslage war wie folgt: Im Oktober 2009 erschoss Timur Akbulut, ein damaliger Hells-Angels-Member aus NRW, das Bandidos-Mitglied Rudi Heinz, genannt Eschli, aus seinem Wagen heraus. Für die Tat, bei der es um eine Frau ging, saß Timur im Knast, hatte kurz vorher aber noch die Auszeichnung »Filthy Few« bekommen, weil er für den Club gemordet hatte. Kadir hatte zu dieser Zeit viel Kontakt mit Timur und wurde nicht müde zu betonen, wie sehr er sein »Engagement« abfeierte. Dabei kannte Kadir den

Ermordeten Eschli sehr gut, nämlich aus der Zeit, als Kadir selbst noch bei den Bandidos gewesen war. Eschli und Kadir waren Brüder gewesen, lange bevor es das Hells-Charter »Berlin City« überhaupt gegeben hatte.

Obwohl alle von der Verbindung von Kadir und Eschli wussten, war Kadir sich nicht zu schade zu erzählen, wie gut er sich mit Timur, dem Mörder von Eschli, verstand. Der war zwar im Gefängnis, hatte aber irgendwie ein Handy bekommen und hielt Kontakt mit einigen Jungs aus dem Hells-Angels-Lager. Vor allem mit Kadir. Ich fand das ziemlich heftig, einfach so mit dem Mörder eines Freundes zu sprechen, aber außer mir schien sich niemand darüber zu wundern.

An einem Samstagnachmittag im Februar 2013 waren wir schließlich mit einigen Jungs aus dem Club im McFit an der Seestraße im Wedding. Kadir saß auf einer Holzbank in der Umkleide und zeigte allen Umstehenden ein Video von Timur, der sich gerade im Knast tätowieren ließ. Fünf erwachsene Männer standen um Kadir herum, starrten auf sein Smartphone und stimmten ein, als Kadir mal wieder betonte, was für ein geiler Typ dieser Timur doch sei. Ich schüttelte den Kopf, drehte mich weg und legte meine Sachen in den Spind. Als ich mich umgezogen hatte, waren die anderen schon aus der Umkleide raus, nur Kadir saß noch auf der Bank und tippte auf seinem Handy herum.

»Hey, Kadir«, sagte ich und trat an ihn heran.

»Was los, Perser«, fragte er, ohne von seinem Handy aufzublicken.

»Die Sache ist die, ich versteh das nicht.«

Kadir hob seinen Kopf und blickte mich fragend an.

»Dass du Timur vor allen immer so abfeierst. Alle wissen doch, dass Eschli dein Bruder war, schon bevor es das Charter gab. Und Timur hat ihn einfach so abgeknallt. Jetzt stehen alle hier rum und feiern. Das geht nicht in meinen Kopf.«

Während ich sprach, hatte Kadirs Miene sich immer weiter verfinstert. Er legte wie in Zeitlupe sein Handy weg, stand ganz langsam auf und musterte mich. Von oben nach unten. Sein Blick war voller Verachtung und er schüttelte abschätzig den Kopf, als er sprach.

»Ganz ehrlich, Perser?«, während er sprach, wurde Kadirs Stimme immer lauter.

»Was denkst du eigentlich, wer du bist? Was fragst du mich für eine Scheiße?«

Wir standen uns jetzt direkt gegenüber. Ich roch seinen Schweiß.

»Komm, verpiss dich, Perser!«

Alles klar. Ich drehte mich um, verließ die Umkleide, ging in den Hantelbereich und setzte mir Kopfhörer auf. Ich griff zu einer Langhantel, legte Gewichte an beide Enden und sah, wie meine angeblichen Brüder ein paar Meter weiter trainierten. Kadir sprach mit einem der anderen und nickte zu mir rüber. Wahrscheinlich erzählte er gerade, was für ein illoyales Arschloch ich sei. Ich schüttelte den Kopf und verstärkte die Gewichte. Ich war froh, dass ich für mich allein war und keiner von ihnen rüberkam. Die Sache mit Timur und Eschli zeigte mir, wie wahllos dieser Club in seinen eigenen Strukturen war. War das jetzt etwa ehrenhaft oder ein Zeichen von Bruderschaft, wenn man sich mit dem Mörder des ehemaligen Freundes gut verstand, ihn als »Ehrenmann«

vor allen abfeierte? In den letzten Jahren war es bei den Hells Angels immer um Ehre gegangen. Aber welcher Ehrenmann tat denn so etwas? Selbst die eigenen Werte, die Kadir, Yücel und alle anderen so gern predigten, wurden missachtet.

Als die anderen ihr Training beendet hatten, blieb ich noch länger. Ich hatte keine Lust, gemeinsam mit ihnen rauszugehen.

* * *

An diesem Tag hatte ich meine emotionale Bindung an Kadir gelöst. Ich glaubte zwar immer noch an den Club, aber nicht mehr an ihn. Dennoch verstand ich mich immer noch als Hells Angel und das Sahara und die Beziehungen zu den anderen Mitgliedern waren immer noch ein wichtiger Bestandteil meines Lebens.

Aber auch mein Glaube an den Club erledigte sich nach kurzer Zeit. Denn einige Monate später, im Mai 2013, fuhr ich mit Kadir, Selim und Hamza gemeinsam nach Frankfurt. Wir waren dort auf den Geburtstag von Aygün Mucuk eingeladen. Aygün war damals Präsident der Gießener Hells Angels und gut mit Kadir befreundet. Aber wie viele Präsidenten eines Hells-Angels-Charters war auch dieser Aygün ein durchgeknallter Selbstdarsteller. In einem Beitrag von *SPIEGEL TV* wird in einer Szene sein Charakter ganz gut sichtbar. Da sieht man Aygün im teuren Waldorf-Astoria-Hotel absteigen, während die Mitglieder seines eigenen Charters in einer heruntergekommenen Jugendherberge übernachten müssen. Als er von den

Reportern gefragt wird, warum er so handelt und sich das rausnimmt, antwortete er nur: »Weil ich es kann.« Drei Jahre nach der Ausstrahlung des Beitrags wurde Aygün auf dem Gelände seines damaligen Clubheims mit 17 Schüssen getötet.

* * *

Zu seinem Geburtstag fuhren wir damals aber noch zu viert in meinem Range Rover. Selim saß am Steuer. Während der Autofahrt ergriff plötzlich Kadir das Wort und sprach Hamza an, der hinter mir saß. »Sag mal, Hamza, du hast doch jetzt diesen Kfz-Handel. Meinst du, Yasemin kann da nicht als Bürokauffrau arbeiten?«

Yasemin, das war die damalige Affäre von Kadir, die längere Zeit im Rotlicht gearbeitet hatte. Zwar war Kadir verheiratet, aber dass er eine Affäre hatte, wussten alle. Hamza hatte vor einiger Zeit einen Kfz-Handel hochgezogen und sich ebenfalls schon gedanklich von den Hells verabschiedet. Da Kadir und er sich aber schon lange und intensiv kannten, war ihm seine Meinung wohl als einer der wenigen im Charter wirklich wichtig.

Hamza zögerte kurz und antwortete dann in ruhigem Tonfall: »Pass auf, Kadir, das geht nicht. Die Firma ist neu, wir wollen das jetzt komplett anständig machen und nichts gegen Yasemin, aber die ist ja manchmal schwierig.«

Ich musste grinsen. Yasemin war nicht schwierig. Sie war eine totale Katastrophe. Hysterisch, zickig, einfach unberechenbar. Sie einzustellen, das käme einer Insolvenz gleich.

»Alles gut«, sagte Kadir von hinten. Im Rückspiegel sah ich, wie er weiter auf Hamza einredete und sich zu ihm herüberbeugte. »Aber hör zu, Hamza, die hat sich verbessert, die ist mittlerweile völlig okay drauf. Kannst du Selim fragen. Stimmt doch Selim, oder?«

Ich schaute nach links zu Selim, der das Lenkrad festhielt und nickte.

»Hm, ja. Yasemin ist cool. Kannst die schon einstellen, Hamza.«

Ich war etwas irritiert. Ich kannte Selim seit meinen ersten Tagen. Wir waren zusammen Prospekte geworden, hatten viel Sport zusammen gemacht und waren gleich alt. Ich wusste, wie er über Yasemin dachte. Und das, was er da sagte, entsprach absolut nicht seiner Meinung. Hatte er keine Eier, Kadir zu sagen, was er wirklich dachte?

Kadir nickte eifrig. »Na also, siehst du, Hamza? Kannst auch Perser wegen ihr fragen.«

Kadir lehnte sich nach vorn und ich konnte seinen Schweiß riechen.

»Ey, Perser!«

Schon bei seinem »Ey, Perser!« hatte ich keinen Bock mehr, mit ihm zu reden. Die Situation im McFit war noch nicht allzu lange her und mich störte schon länger dieses »Ey, Perser!« hier, »Ey, Perser!« da. War ich sein verdammter Clown, oder was?

»Perser, sag auch mal was. Yasemin kann doch locker bei Hamza arbeiten, oder?«

Ich drehte mich zu ihm und antwortete: »Ganz ehrlich, Kadir, ich glaube, das wird mit Yasemin nicht besser. Ich würde sie erst mal nicht einstellen, wenn ich Hamza wäre. Die ist einfach zu aufgekratzt und tickt regelmäßig aus. Ich glaube nicht, dass die so einen Job packt.«

Kadirs Mundwinkel verzogen sich, sein Kopf wurde rot wie eine Tomate. Er wurde richtig sauer. »Was redest du da, Perser?« Er griff mit seinem dicken Arm nach vorn und langte in meine Richtung. Wollte er mich jetzt schlagen, oder was? Er wurde lauter: »Ey, wer denkst du, wer du bist? Willst du mir erzählen, wie ich mein Leben zu führen habe?!«

Hamza, der neben ihm saß, sagte etwas auf Türkisch. »Ist gut«, meinte er dann und versuchte, die Lage zu beruhigen.

»Was guckst du mich so an, Perser? Willst du mich angreifen?«, fragte Kadir.

Ich hatte meinen Blick während seines Wutanfalls nicht von ihm gelassen. Ich schüttelte meinen Kopf und wandte mich ab. Am liebsten hätte ich ihm hier im Auto in die Fresse gehauen. Aber das ging eben nicht. Schließlich war er immer noch Kadir Padir.

Selim ließ sich nichts anmerken, fuhr weiter und blieb ruhig. Ich schaute aus dem Fenster und war richtig abgefuckt. Warum fragte mich Kadir überhaupt, wenn er eh nicht an meiner Meinung interessiert war? Und Selim? Warum fiel er mir so in den Rücken und sagte nicht mal etwas?

* * *

Die komplette Geburtstagsfeier, die in einer kleinen Mehrzweckhalle stattfand, verbrachte ich draußen und telefonierte. Den Rest der Fahrt hatten wir alle geschwiegen und ich hatte keine Lust, jetzt heile Welt zu spielen, mich am Buffet vollzufressen und mit den anderen Hells Angels aus allen möglichen Chartern über Patches, die Polizei, Fahrten und ähnlichen Scheiß zu reden. Ich war angefressen von der Gesamtsituation und schwieg auch die komplette Rückfahrt über. Während Hamza fuhr, schaute ich aus dem Fenster, hörte zu, wie Hamza, Kadir und Selim auf Türkisch miteinander sprachen, und spürte eine innere Leere in mir aufkommen.

Das war also mein Club? Meine Bruderschaft? Ich war jetzt Member, aber durfte kein gerades Wort über eine Kleinigkeit sprechen, ohne dass ich sofort die Konsequenzen spürte? Das war also ein Tag in meinem Leben? Zum Geburtstag eines irren Psychopathen zu fahren zusammen mit dem vollkommen unberechenbaren und dissozialen Kadir

Das war doch alles scheiße.

* * *

Im Sahara wurde ich in den nächsten Tagen von fast allen ignoriert, was mir aber gelegen kam. Ich ging davon aus, dass Kadir nach der Ankunft in einer seiner Märchenstunden rumerzählt hatte, dass ich seine Freundin beleidigt, ihm Widerworte gegeben oder sonst was getan hatte. Ich war mir sicher, dass er diese Anekdote irgendwo unterbrachte.

Ich spürte in den Tagen nach der Fahrt, dass mich viele Member raushaben wollten, vor allem diejenigen, die mich eh nicht mochten. In einem abgehörten Telefonat sagte Kadir allerdings, dass es schwierig sei, mich rauszuwerfen, denn ich wäre bei den anderen ja beliebt. So einen gehen zu lassen, das sei schwierig.

Aber mittlerweile wollte ich selbst gehen.

* * *

Wenige Tage nach dem Vorfall im Auto sprach ich Hamza im Sahara an und fragte ihn, was die Aktion von Kadir sollte und ob er nicht auch das Gefühl hatte, seine Reaktion sei übertrieben gewesen. Schließlich hatte Kadir mich nach meiner Meinung gefragt.

Hamza versuchte zu beschwichtigen und jammerte herum, er könne uns beide verstehen, Kadir habe sich eben in seiner Autorität angegriffen gefühlt, und ich solle doch am besten noch mal »von Mann zu Mann« mit ihm reden. Ich verstand die Welt nicht mehr.

»In seiner Autorität angegriffen, dein Ernst, Hamza?«, fragte ich. »Kadir hat mich doch gefragt. Das ist doch nicht mein Problem, wenn er mit meiner Einschätzung nicht klarkommt. Und von wegen Autorität! Wir reden hier von Kadir Padir. Dem Präsidenten des heftigsten Hells-Angels-Charters. Als ob ich seine Autorität untergraben könnte, selbst wenn ich das wollte.«

Hamza, Opportunist wie er war, zuckte mit den Schultern.

»Red einfach noch mal mit ihm, Perser.«

Alles klar.

Ich hatte zwar keine Lust darauf, aber ich zog am selben Tag noch Kadir beiseite und sprach ihn geraderaus auf die Situation im Auto an.

»Hör zu, Kadir«, sagte ich, als er am Automaten im Sahara stand und irgendein Früchtespiel zockte. »Ich wollte dich auf der Fahrt nach Frankfurt nicht beleidigen, aber du hast mich nach meiner Meinung gefragt und ich habe dir eine ehrliche Antwort gegeben. Eine Antwort unter Brüdern. Du kennst mich lange und gut genug. Loyalität ist mir sehr wichtig.«

Kadir drehte sich kurz vom Früchtespiel weg und schaute mich an. Wieder musterte er mich von unten bis oben, bevor er etwas sagte.

»Jetzt hör mir mal zu, Perser. Wenn du noch mal versuchst, meine Person in der Öffentlichkeit bloßzustellen, dann bekommst du ein Problem. Hast du mich verstanden?«

Ich öffnete meinen Mund, um etwas zu sagen, aber er unterbrach mich.

»Perser, du brauchst das nicht mehr ausführen!«

Ich nickte und ließ ihn mit seinem Früchtespiel allein.

Wenn das jetzt unser Weg war, miteinander zu sprechen, dann war das eben so.

* * *

Ab diesem Zeitpunkt hatte sich für mich auch der Club erledigt. Kadir spielte nach seinen eigenen Regeln, verlangte aber gleichzeitig von anderen, sich unterzuordnen, und wurde unberechenbar, wenn er das Gefühl hatte, jemand wollte ihm seinen Rang streitig machen. Vermutlich spürte Kadir, dass ich im Laufe der Zeit und Jahre nicht mehr durch einen einfachen Patch und ein paar Goodies zu beeindrucken war. Ich hatte an die

Werte geglaubt, die er verkörperte, aber sobald ich mit ihm das erste Mal an dem Membertisch gesessen hatte, fiel die Fassade für mich. Die Sache mit Timur und die Autofahrtgeschichte erledigten den Rest.

Die Konfrontation mit Kadir blieb im Club für mich allerdings ohne Folgen. Irgendjemand anderes machte sich wegen einer Kleinigkeit unbeliebt und ich geriet aus dem Fokus, auch wenn ich mir sicher war, dass manche aus dem inneren Kreis mich unbedingt aus dem Club haben wollten. Durch meine offene Art, auch Neulingen gegenüber, machte ich mich bei ihnen unbeliebt, aber ich war mittlerweile so weit, dass mir das egal war. Als ich in den Club ging, hatte ich mein Leben danach ausgerichtet, aber jetzt, wo ich tiefer drin war als je zuvor, sah ich klarer denn je – vielleicht auch durch Melanie. In meinem Kopf plante ich eine berufliche Zukunft ohne den Club. Ich musste raus. Besser früher als später.

# Der innere Kreis. Und eine Entscheidung

»Passt auf, Jungs, Arafat Abou-Chaker ist ja der Rücken von Bushido und die wollen ein Musikvideo drehen und haben Bock, dass wir darin zu sehen sind. Der Song heißt *Mitten in der Nacht.* Und ganz ehrlich, ich mach auf jeden Fall mit.«

Ein neuer Tag. Ein neues Meeting und eine neue Idee von Kadir, wie sich der Club medial aufstellen konnte. Kadir lehnte sich zurück, niemand sagte etwas, dann kam vereinzelt Zustimmung.

Ich dachte mir meinen Teil. Sowohl die Art, wie Kadir sich hier gerierte, als auch die Tatsache, dass er unbedingt bei dem Rapper Bushido im Musikvideo mitspielen wollte, fand ich peinlich. Zwar hatten Kadir und Arafat einen guten Draht, der auch nicht von ungefähr rührte. Aber das war wieder die nächste Peinlichkeit, die Kadir hier vorstellte. Kein anderer Hells-Angels-Präsident hätte das jemals gemacht. Aber so war ein kollektiver Cameo-Auftritt beschlossene Sache, und als Bushido sein Video drehte, stand unser Charter zur Seite und posierte mit ernsten Mienen.

* * *

Generell fiel mir mehr und mehr auf, dass es immer einen Club im Club gab, den inneren Kreis. Meistens waren das Jungs, die Kadir schon jahrelang vom Kiez kannte und die ihm blind folgten. Jungs, die schon vor mir da gewesen waren. Das waren nicht alles unbedingt Member, darunter waren auch Prospekte oder einfache Hangarounds. Ihre Position im Charter war dabei gar nicht so wichtig. Wichtig war eher, dass diese Truppe von ungefähr fünf Mann bereit war, alles für Kadir zu tun.

Mittlerweile hielt ich mich von den Jungs fern, die zum inneren Kreis zählten, damit sie Kadir nicht erzählen konnten, dass ich keine Lust mehr auf diesen Zirkus hatte. Es gab jetzt immer mehr Situationen, in denen ich feststellte, wie der Club und die Führungskräfte wirklich tickten. Einmal gingen wir gemeinsam ins Kino und zwischen Yücel und Django kam es vor dem UCI in Berlin zu einer Auseinandersetzung. Wegen irgendetwas lagen sie sich in den Haaren und brüllten sich vor dem Kino an.

Kadir ging dazwischen und schrie auf offener Straße so laut herum, dass die Menschen die Straßenseite wechselten. Dass Yücel und Django sich in den Haaren lagen – geschenkt. Aber was Kadir sagte, blieb mir noch länger im Gedächtnis, denn er schrie: »Was denkt ihr überhaupt, warum wir alle hier sind? Meint ihr, wir sind hier zum Spaß, oder was? Meint ihr, wir sind Freunde? Meint ihr, ich habe Lust, mit euch ins Kino zu gehen?«

Es war eine einfache Wahrheit, die er hier aussprach. Natürlich hatte Kadir kein wirkliches Interesse an einer Gemeinschaft im Sinne der Hells-Angels-Familie. Es ging ihm nur um die Stärkung seiner eigenen Position innerhalb des Charters und er wollte Geschäfte mit den anderen Berliner Untergrund-Größen machen. Er wollte Macht und Einfluss und er sicherte sich durch seinen eigenen inneren Zirkel ab, quasi den Club im Club, der ihm bei allem, was er tat, loyal zur Seite stand und den anderen Mitgliedern vorgaukelte, dass Kadirs Entscheidungen unanzweifelbar wären. Für mich fiel seine Maske mehr und mehr, er hatte sich selbst demaskiert. Dazu gehörte eben auch, dass er unkommentiert das Pyramidensystem der Bandidos übernommen hatte und das »One man, one vote«-System der Hells Angels nicht beachtete. Er stand allein ganz vorn und kaum jemand anderes hatte etwas zu sagen. Seine Jungs, der innere Zirkel, waren die Einzigen, denen Kadir vertraute und mit denen er Absprachen traf.

* * *

Ich kümmerte mich immer weniger um den Club, sondern versank mehr und mehr in meinem Sicherheitsjob. Die Stimmung im Clubhaus änderte sich sowieso, denn im Sahara tauchten jetzt immer mehr neue Leute auf, zwielichtige Gestalten, die ich nicht kannte. Es erschien mir, als wäre es mittlerweile beliebig, wer zu unserem Club gehörte und wer nicht. Als würde jeder aufgenommen, der Lust hatte, Teil des Charters zu werden. Es kam vor, dass ich abends ins Sahara kam und die Jungs nicht mehr kannte, die draußen auf den Plastikstühlen saßen und Shisha rauchten. Ich hatte keine Lust, mich vorzustellen. Das exklusive Gefühl, ein Hells Angel zu sein, war dahin, das Charter wurde mehr und mehr zu einer Art offenem Jugendtreff für Kriminelle.

Derweil drehte Kadir immer weiter durch. Als er mitbekam, dass sich auf einer Tattoo-Convention ein Hells Angel aus Reutlingen über einen Member beschwert hatte, ließ er sich die Nummer des Typen geben, rief ihn an und brüllte: »Gib mal bei Google meinen Namen ein. Dann weißt du, wer ich bin (...) Guck mal, du warst in meiner Stadt. In meiner Stadt. Verstehst du? (...) Und wenn du hier andere Clubs besuchst, das weißt du für die Zukunft. Ich möchte wissen, welchen MC du hier besuchst.«

Das war mittlerweile das Selbstbild, das Kadir Padir von sich hatte: *Wenn du nicht weißt, wer ich bin, dann google mich.* Als er die Geschichte an einem Abend im Sahara erzählte, ahnte ich noch nicht, dass ich seine Worte später noch einmal hören würde – allerdings in einer anderen Situation.

* * *

Mehr und mehr schreckte mich der Club nun ab. Als ich das erste Mal mit Kadir und einigen anderen Jungs nach Dänemark fuhr, verstärkte sich dieses Gefühl. In Dänemark traf ich tatsächlich die Jungs wieder, denen ich vor zwei Jahren noch Kokain besorgt und versprochen hatte, sie bald mal zu besuchen. Sie zeigten mir ihr Clubhaus in Kopenhagen und das war schon alles sehr beeindruckend, aber für manche der Jungs war noch viel beeindruckender, dass die dänischen Hells Angels fast alles Killer waren und mit einem »Filthy Few«-Patch auf ihren Kutten herumliefen.

Der Präsident der »Hells Angels MC Nomads« in Dänemark, Henrik, stach besonders heraus. Es gab viele

Gerüchte um ihn, wie viele Menschen er schon umgebracht hatte. Aber als ich Henrik dann in Dänemark sah und in seine tiefrot unterlaufenen Augen blickte, wusste ich, dass er völlig am Ende war. Sein Bart war früh ergraut und er wirkte neben sich. Er war kein cooler Gangster, sondern eher jemand, der mit dem eigenen Leben bereits abgeschlossen hatte. Dessen Psyche völlig zerstört war. Ich sah ihn im Clubhaus allein am Tresen sitzen und trinken, er war von dem vielen Schnaps bereits früh am Abend nicht mehr ansprechbar. Für Kadir ein Held, für mich einfach nur ein Typ, der keine 50 Jahre alt war und schon völlig erledigt. Über den offensichtlich desolaten Zustand von Henrik sprach natürlich niemand. Allen war scheißegal, wie es Henrik ging und was er durchmachte. Niemand fragte ihn, ob er klarkommt oder sonst was, viel wichtiger als der Mensch, der er war, war diese Figur, dieser Henrik, an dem sich alle orientieren konnten. Diese Galionsfigur, von der Kadir zurück im Sahara dann immer erzählen konnte, um den anderen den Mythos der Hells Angels näherzubringen. Aber Henrik war keine Heldenfigur. Später erfuhr ich, dass Henrik im März 2014 in einer Kopenhagener Polizeizelle tot aufgefunden wurde. Er hatte sich vermutlich mit seinem eigenen Bettzeug erstickt.

* * *

In dieser Phase passierte bei uns im Club ziemlich viel. Die Stimmung und die internen Verhaltensweisen änderten sich. Wurde vorher und vor allem in meiner Anfangszeit sehr viel Wert daraufgelegt, unter gar keinen

Umständen explizit über einzelne Straftaten zu sprechen, war das offene Gespräch hierüber jetzt beinahe an der Tagesordnung.

Ich könnte an dieser Stelle auspacken und sehr detailreich und explizit über die begangenen Verbrechen einzelner Member sprechen. Ich kenne ihre Namen und weiß, was sie getan haben. Es sind Verbrechen und Straftaten, die sie mir einfach so im Sahara bei einer kühlen Cola oder im Artemis bei einem Saunabesuch erzählt haben, als wäre es das normalste der Welt.

Es sind grauenhafte, blutrünstige Taten, mit denen meine ehemaligen Brüder sich vor mir brüsten wollten. Taten, bei denen ich merkte, dass es hier in diesem Charter mittlerweile keine Limits mehr gab. Keinen moralischen Wertekompass. Keine Ehre. Nichts.

Aber auch wenn ich später vor Gericht zu all diesen Dingen Stellung bezog und den Richtern jedes Detail offenlegte, muss ich an dieser Stelle über manch Verbrechen, das an mich herangetragen wurden, schweigen.

Denn einige der Jungs, die vor mir mit stolzgeschwellter Brust über ihre Verbrechen prahlten, wurden - zumindest teilweise - freigesprochen.

Wenn ich jetzt also das niederschreiben würde, was sie mir im Detail erzählt haben, würde ich mich juristisch angreifbar machen. Und so ist es mir leider nicht möglich, hier in vollem Umfang all das zu erzählen, was ich wirklich weiß. Alle Details. Alle Einzelheiten.

Eine Sache kann ich aber definitiv sagen. In dieser Zeit drehte unser Charter komplett durch. Es war so, als würden einzelne Member sich gern vor anderen mit ihrer Brutalität profilieren wollen. Mit ihrer Rücksichtslosigkeit und ihrer kriminellen Härte. Das war neu. Und es war der Spirit, der in diesem Abschnitt meines Rockerlebens an der Tagesordnung war.

* * *

Zu diesem Zeitpunkt, in dem die Gewalt eskalierte, tauchte eines Abends vor dem Sahara auch wieder ein bekanntes Gesicht auf. Koslow, der Russe. Im Schlepptau hatte er zwei andere Beamte, die ich vom Sehen kannte. Sie standen zu dritt in der Tür des Saharas.

Koslow ergriff das Wort: »Alle mal herhören. Wir machen jetzt eine Gefährderansprache. Wir haben auf dem Zettel, was gerade bei euch im Charter abgeht. Es gab gestern Nacht eine Explosion im Bandidos-Clubhaus. Ein versuchter Sprengstoffanschlag. Da sieht es jetzt aus wie im Krieg. Die Handgranaten oder der Sprengstoff oder was auch immer sind mitten auf den Hof geflogen. Es war ein Member mit seinem Kind vor Ort. Zum Glück war das Kind im Clubhaus und schlief in einem der Zimmer, sonst wäre es zerfetzt worden.«

»Keine Ahnung, was du willst, Russe«, sagte Yücel abschätzig und stellte sich, die Arme verschränkt, an die Eingangstür des Saharas. »Bist du fertig mit deiner Ansage? Dann bitte schön wieder umdrehen, weitermachen.«

Koslow schaute durch den Raum. Er nickte, drehte sich um und machte kehrt.

»Bastard, Alter«, sagte Yücel und machte die Tür zu.

Der Satz »Das sieht aus wie im Krieg« blieb mir noch lange im Kopf hängen. Der Russe war zwar ein klebriger Fan von uns und seine Nähe war unangenehm, aber ich wusste, dass er keinen Unsinn erzählte. Ich war mir sicher, dass es einen Anschlag gegeben hatte. Ich wusste nicht, ob es die Jungs aus unserem Charter gewesen waren, aber die Möglichkeit bestand. Und wenn jetzt Handgranaten auf verfeindete Clubhäuser geschmissen wurden und selbst vor Kindern nicht mehr Halt gemacht wurde, dann war es endgültig vorbei. Ich musste raus aus dem Charter. Das waren keine Schlägereien mehr, das waren Mordanschläge.

* * *

Diese ganzen Vorfälle passierten in schneller Abfolge. Ich hatte die eine Situation kaum verarbeitet, als die nächste Meldung kam. Und dann die nächste. Alles geriet völlig aus dem Ruder. Dass wir unser Revier verteidigten, einzelne Member ihre Geschäfte machten und wir mit den Bandidos und einigen anderen Gruppen verfeindet waren, das war klar. Damit hatte ich mich arrangiert. Aber die Wahllosigkeit einzelner Aktionen und die Skrupellosigkeit gepaart mit dem Gefühl, dass ich auch als Member kein Mitspracherecht hatte, machten mich fertig. Wie sollte das nur weitergehen?

Einige Wochen später saßen wir mit einigen Jungs an einem Freitagabend in der Diskothek Traffic, als etwas passierte, das einen erheblichen Einfluss sowohl auf die Zukunft des Charters als auch auf meine Zukunft hatte. Das Traffic war eine neu eröffnete dreistöckige Diskothek und stand in unmittelbarer Verbindung mit unserem Club. Denn einer unserer Member war stiller Teilhaber dieser Diskothek. Er tauchte in den Büchern nicht auf, stellte aber die Tür und bekam dafür Prozente. Es war die Idee des Bruders eines unserer Member gewesen, an diesem Freitagabend im Oktober im Traffic vorbeizuschauen. Der Bruder war Prospekt bei uns und der Ausflug hatte sich spontan ergeben. Die Diskothek war gut gefüllt, wir lachten und scherzten, als plötzlich mitten im Club Tumult ausbrach. Ich stand auf und sah, wie mehrere Securitys die breite Wendeltreppe von unserem Stockwerk herunterliefen und sich einen Weg durch die tanzende Masse bahnten.

»Was ist da los?« Volkan sprang sofort auf und rannte ihnen hinterher. Wir folgten ihm und der Security. Die Tanzenden stoben auseinander, denn jetzt liefen zwei Türsteher und gut sieben oder acht schwere Hells Angels an ihnen vorbei.

Draußen vor dem Club hatten sich zwei Gruppen gebildet und die Stimmung war aufgeheizt. Mehrere Typen riefen den beiden Türstehern etwas zu, die Verstärkung per Funk geholt hatten.

»Lasst uns mal rein, ihr Penner«, rief einer von ihnen.

»Ist gut, ihr kommt nicht rein«, antwortete einer der Türsteher ziemlich diplomatisch.

Wir machten uns bereit, im Zweifel die Seite der Türsteher einzunehmen, schließlich war einer unserer Brüder stiller Teilhaber des Ladens. Das hier war unsere Tür. Mir war nicht sofort klar, ob die anderen besoffene Partygäste waren oder ebenfalls Jungs aus dem Milieu, aber die Frage erübrigte sich schnell. »Das ist doch Tahir«, sagte einer von uns, ging auf die Gruppe zu und versuchte, mit diesem Tahir zu reden und die Situation zu beschwichtigen.

Die ganze Situation verfiel in einen angenehmen Standby-Modus. Das war mir nur recht, denn ich hatte wirklich keine Lust, mich jetzt hier vor dieser Tür mitten in Berlin mit irgendwelchen Idioten zu schlagen. Noch vor zwei Jahren wäre ich sofort draufgegangen, aber jetzt fragte ich mich eher, was genau ich hier eigentlich tat und ob es nicht besser gewesen wäre, statt ins Traffic zu Melanie zu fahren.

»Ich ficke euch, ihr Hurensöhne!«

Das war Volkan, der den Standby-Modus durchbrochen hatte. Ich schloss kurz die Augen und atmete aus. Das durfte doch nicht wahr sein. Alles klar, jetzt ging es doch los.

* * *

Der Prospekt, der mit Tahir gesprochen hatte, bekam eine Faust ins Gesicht und dann begann eine der vielen Schlägereien und Kämpfe, derer ich mittlerweile müde war. Die Angreifer stürmten auf uns zu, ich hob meine Faust zur Deckung, dann spürte ich einen stechenden Schmerz in meiner Wade. Ich hatte ein Messer abbekommen, knallte rückwärts auf den kalten Teer. Auch Volkan bekam einen Messerstich von Tahir ab. Ich hörte Polizeisirenen, die Angreifer verschwanden in der Dunkelheit. Die Beamten trafen ein und das übliche Prozedere der Personalaufnahme begann. Aber es endete nicht wirklich vor dem Traffic. Es fing jetzt erst richtig an.

# Nach der Tat

Am Morgen nach der Tat im Café Expect, am 11. Januar 2014, wachte ich schweißgebadet auf. Tahir war tot. Tahir, der Junge vor dem Traffic. Vor wenigen Stunden war er hingerichtet worden und ich war dabei gewesen. Das war kein Albtraum, das Ganze war wirklich passiert.

Es war kurz nach sieben in der Früh und ich lag mit meinen Klamotten im Bett. Lisa und meine Tochter waren weg. Ich stand auf und lief durch die leere Wohnung und versuchte einen klaren Gedanken zu fassen. Was sollte ich jetzt tun?

Zufälligerweise bekamen wir in der Zeit nach dem Mord Besuch von Pedro, einem Hells Angel aus Lissabon. Er hatte von der Sache Wind bekommen und stellte entsprechende Fragen. Alle sagten, sie hätten nichts mit dem Mord zu tun. Wir schoben das Ganze auf die Polizei und den Rechtsstaat, der gegen uns ermittelte. Aber natürlich wusste ich es besser. Pedro bot mir an unterzutauchen. Er sagte mir klipp und klar, er könne mir einen neuen Pass besorgen und es sei ein Kinderspiel für mich, in den Favelas unterzutauchen. Ich bedankte mich, aber lehnte ab. Auch wenn meine Beziehung mit Lisa so gut wie beendet war, hatte ich immer noch mein Kind und außerdem Melanie. Ich konnte und wollte nicht einfach verschwinden.

* * *

Nach der Tat war ich völlig unter Strom. Kein Tag war wie der andere. Mir war klar, dass ich früher oder später gefasst werden würde. Die Tat war schnell in den Medien und die Ermittler brauchten nur eins und eins zusammenzuzählen, um eine Verbindung zwischen dem Mordopfer und unserem Charter herzustellen. Es war ein Leben im Dauerstress. An jeder Straßenecke sah ich mich dreimal um, ich wusste nicht, mit wem ich noch sprechen oder mich treffen konnte. Meine Wohnung war leer, mit Melanie hielt ich nur sporadisch Kontakt. Meine sogenannten Brüder machten ebenfalls ihr eigenes Ding, um sich vor einer Festnahme zu schützen. Trotzdem zog sich innerhalb von wenigen Tagen die Schlinge immer weiter zu. Sporadisch bekam ich mit, dass manche aus dem Charter bereits Besuch von einem Sondereinsatzkommando bekommen hatten. Das LKA klopfte nicht freundlich an der Tür, sondern zog komplett durch. Ich erfuhr, dass auch Jungs festgenommen wurden, die bei der Tat überhaupt nicht beteiligt gewesen waren. Andere, die gewusst hatten, dass an diesem Abend Tahir sterben sollte, hatten sich in die Türkei abgesetzt. Ich versuchte, das alles in meinen Kopf zu kriegen, während ich komplett paranoid durch die Straßen Berlins lief und überlegte, was zu tun sei.

* * *

Wenige Tage nach der Tat saß ich im Blockhaus am Adenauerplatz. Ich hatte mir ein Steak bestellt und wartete auf mein Essen, als mein Handy vibrierte. Es war ein Member, der mich hasste und bis zuletzt keinen Hehl daraus gemacht hatte, dass er mich aus dem Club haben wollte. Was wollte denn der jetzt von mir?

»Was gibt's?«, fragte ich entnervt und scannte den Raum vor mir ab.

»Perser, hast du das mitbekommen? Die Polizei hat gerade das Video veröffentlicht von der Überwachungskamera. Da gibt es eine Pressekonferenz im Fernsehen. *RBB*, *NTV*. Alle berichten.«

»Echt ja?«, fragte ich, angespannt und genervt. »Worüber denn?«

»Na ja, über euch!«, sagte der Member. »Über diese Wettbüro-Geschichte ...«

Ich schlug mir mit der Hand an die Stirn und schloss die Augen.

Ich konnte nicht glauben, was er da sagte. War er wirklich so dumm? Sprach er gerade über eine Straftat mit Todesfolge, als wäre das eine x-beliebige Sache, die man eben kurz am Telefon bequatschen konnte?

»Aha, okay. Und was haben wir damit zu tun?« Ich war mir nicht sicher, aber es war nicht unwahrscheinlich, dass mein Telefon abgehört wurde. Er musste doch checken, dass ich jetzt nicht mit ihm darüber sprechen wollte?

»Die haben ein Video von drinnen veröffentlicht. Da gab es wohl eine Videoaufzeichnung. Keine Ahnung, wie die auf unsere Leute kommen, aber da erkennt man gar nichts.«

Ich schwieg. Er redete einfach weiter. Was sollte das?

»Perser? Bist du noch dran? Na ja, das wollte ich dir nur sagen. Das wird sich schon klären. Digga, mach dir keinen Kopf. «

»Aha, okay«, sagte ich und legte auf. Ich hatte keinen Hunger mehr, ging aus dem Steakhaus und machte mich auf ins Sahara.

* * *

Die Anspannung wuchs immer weiter. Neben diesem Druck, der infolge der Ermittlungen und der medialen Aufmerksamkeit auf mir lastete, und dem Gefühl, dass ich jeden Tag geschnappt werden konnte, holte mich ein weiteres Problem aus meiner Vergangenheit ein.

Der Mord im Wettbüro war noch keine zwei Wochen her, als ich zum Landgericht nach Hamburg vorgeladen wurde. Es ging immer noch um die Geschichte einer angeblichen Körperverletzung aus dem Jahr 2011, bei der mir vorgeworfen wurde, jemanden am Hamburger Hauptbahnhof mit einer Machete angegriffen zu haben. Ich war dafür zwar schon freigesprochen worden, aber die Staatsanwaltschaft hatte Berufung eingelegt und der Fall wurde neu aufgerollt. Jetzt, wenige Tage nach den Geschehnissen im Expect, musste ich also nach Hamburg fahren und aussagen. Als ich die Vorladung mit dem Datum las, war ich wie gelähmt, wusste aber gleichzeitig auch, dass ich dort erscheinen musste, wenn ich mir nicht noch mehr Ärger einhandeln wollte.

Wenige Tage später fuhr ich mit meinem Auto nach Hamburg. Zwar hatte ich zu diesem Zeitpunkt keinen deutschen Führerschein, sondern nur einen polnischen, den ich mir über den Club besorgt hatte, aber irgendwie musste ich ja meine Aussage tätigen. Von Berlin aus fuhr ich einen Tag früher los, buchte mir ein Hotel und versuchte zu schlafen. Das war nicht einfach, denn von Tag zu Tag nahm der Druck immer weiter zu und ich hatte das Gefühl, es fehlte nicht mehr viel, bis ich einfach von der Anspannung erdrückt werden würde. Fast täglich gab es neue Meldungen, Festnahmen und Berichte. Bereits auf der Fahrt hatte ich an einem Kiosk in Berlin die Schlagzeile der *BILD*-Zeitung und einiger anderer lokaler Berliner Boulevard-Blätter gesehen, die alle gleich titelten: »Wettbüro-Mord!« Bebildert war diese Schlagzeile mit einem Foto, aufgenommen von der Überwachungskamera im Expect. Der Schütze, Recep, war darauf klar zu erkennen. Wenn er so klar zu identifizieren war, wie sah es dann mit mir aus? Gab es auch ein ähnliches Foto von mir? Meine Gedanken rasten noch lange, als ich im Hotel lag und versuchte einzuschlafen.

* * *

Am nächsten Morgen machte ich mich gegen 9 Uhr auf den Weg in das Gerichtsgebäude. Die Verhandlung verlief schnell und unkompliziert. Ich traf meinen alten Bekannten wieder, der bei der Razzia so komplett ekelhaft zu mir gewesen war. Ich wurde freigesprochen, was mich natürlich erst mal beruhigte. Nachdem ich das Gelände verlassen hatte, telefonierte ich kurz mit Melanie und berichtete, wie es gelaufen war.

Bis dahin war alles normal, aber als ich von dem Gerichtsgebäude zu meinem Auto ging, hatte ich das Gefühl, ich würde beobachtet. Klar, man kann sagen, dass man in so einer Extremsituation, mit dem Wissen, dass man Beteiligter eines Verbrechens mit Todesfolge war, eh etwas paranoid wird. Aber als ich aus dem Gebäude zu meinem schwarzen Mercedes lief, wurde dieses Gefühl immer heftiger. Ich spürte, wie mein Herz heftiger schlug – quasi wie von selbst. Mein Wagen stand auf dem Seitenstreifen und nachdem ich aufgeschlossen und mich hineingesetzt hatte, wartete ich kurz ab.

Ich versuchte mich etwas zu beruhigen. Sollte ich wirklich observiert und beobachtet werden, würde ich es schon merken.

Und tatsächlich: Wenige Sekunden, nachdem ich mich in den ledrigen Autositz gesetzt hatte, fuhr eine braune A-Klasse mit einem Brandenburger Kennzeichen an mir vorbei. Darin saßen zwei Typen, beide in schwarzer Jacke. Der Fahrer hielt das Lenkrad stocksteif und fuhr mit 15 km/h, während der Beifahrer, ein dicklicher Typ mit Mütze und Schnurrbart, sich zu mir umdrehte. Zu mir, der nur am Seitenstreifen in seinem Auto saß und wartete. Ich musste fast lachen, so auffällig war die Situation.

Wenn man einige Jahre in einer Vereinigung wie den Hells Angels verbracht hat, die immer wieder mit Observationen und zivilen Ermittlern zu tun hatten, bekam man einfach ein Auge dafür, ab wann eine Person ein Privatmensch war oder ganz offensichtlich ein Ermittler im Dienst. Es waren Kleinigkeiten, woran man das erkannte, vor allem lag es an der gewollten Unauffälligkeit, mit der sich solche Fahnder und Ermittler bewegten.

Nachdem die braune A-Klasse in entspannter Schrittgeschwindigkeit an mir vorbeigefahren war, startete ich den Motor und fuhr ihnen hinterher. Meine Idee war: Wenn sie mich wirklich verfolgten, würden sie nun ihre Strategie ändern müssen. Und wenn sie abbogen, um zu wenden, könnte ich ihnen wegfahren. Ich folgte ihnen durch einen kleinen Tunnel, aber ein anderer Wagen fädelte sich vor mir ein und plötzlich war die braune A-Klasse verschwunden. Hatte ich sie verloren?

Nach dem Tunnel teilte sich die Spur in eine Doppelspur. Rechts ging es Richtung Alster und links nach Hamburg-Barmbek. Ich zog nach links, reihte mich ein und auf einmal sah ich die A-Klasse inklusive des dicklichen Beifahrers mit dem Schnäuzer im Rückspiegel. Scheiße! Und jetzt?

Vielleicht hatte ich mich geirrt, schoss es mir durch den Kopf. Vielleicht waren das gar keine Polizisten. Ich wollte auf Nummer sicher gehen und zog knapp vor einer Verkehrsinsel von der linken auf die rechte Spur. Damit hatten sie nicht gerechnet. Sie blieben auf der linken Spur und als ich hinübersah, erkannte ich, wie der dicke Beifahrer seinen Kollegen anbrüllte. Ich hatte mich also nicht geirrt. Das waren tatsächlich Zivi-Bullen. Und ich war Gesuchter in einer Straftat.

Meine Hände zitterten am Lenkrad. Jetzt hieß es schnell weg aus dieser Stadt. Ich fuhr über die Alsterbrücke und wartete auf die nächste Autobahnabfahrt, als ich hinter mir eine laute Polizeisirene hörte. Das konnte doch nicht wahr sein?

Ich schaute in den Rückspiegel und sah mehrere Polizeiwagen. Der vorderste Wagen scherte aus, setzte sich vor mich und zwang mich zum Bremsen. Ich stellte den Wagen ab.

Okay. Das war es. Hinter mir positionierten sich mehrere Streifenwagen und die braune A-Klasse mit den beiden Hampelmännern. Ich war erledigt.

Als ich aus dem Wagen stieg, standen vor mir zwei Polizisten mit gezogener Waffe. Ich blickte in die Mündungen, mein Puls raste. Wollten die mich jetzt abknallen?

»Moin, mein Lieber«, sagte der dicke Typ mit dem Schnauzer mit norddeutschem Akzent. »Lass uns doch mal ein bisschen schnacken.«

»Ja, was gibt's?«, fragte ich und bat ihn, seinen Kollegen zu sagen, dass sie die Waffen herunternähmen. Was sie nach einem Nicken des Dicken auch taten.

* * *

»Polizei Hamburg. Wir machen hier eine Routine-Fahrzeugkontrolle. Einmal die Fahrzeugpapiere und den Führerschein, bitte.«

Ich musste unweigerlich lachen und nickte in Richtung der Polizisten, die eben auf mich gezielt hatten. Ich wurde richtig sauer, in mir entlud sich jetzt die Anspannung der letzten Wochen.

»Das soll eine routinemäßige Fahrzeugkontrolle sein?«, sagte ich und hörte, wie meine Stimme vor Anspannung zitterte. »Mit gezogener Knarre? Ihr Ernst?«

»Wir haben die Information erhalten, dass Sie keinen Führerschein haben«, sagte der Dicke. »Und Sie wissen ja, aus welchem Umfeld Sie stammen.«

»Aha«, sagte ich und verschränkte die Arme. »Und wie kommen Sie darauf?«

Der Beamte schwieg.

»Ist ja auch egal«, sagte ich. »Ich habe jedenfalls nur einen polnischen Führerschein und der liegt in Berlin. Tut mir leid.«

»In Ordnung«, sagte der Beamte und runzelte die Stirn.

»Dann reichen Sie mir den Führerschein nach. Dafür haben Sie eine Woche Zeit, wenn nicht, gibt es eine Strafanzeige.«

Als ich wieder losfuhr, zitterte ich am ganzen Körper. Die Polizei hatte mich pusten lassen und ich musste eine Urinprobe abgeben, aber das war mir egal. Ich wurde nicht festgenommen, sondern durfte weiterfahren.

* * *

Trotzdem wurde weiterhin jeder einzelne Tag, jede einzelne Stunde, jede einzelne Minute nach der Tat immer intensiver. Das lag auch daran, dass wir im Club jetzt Kontakt mit unserem Anwalt aufnahmen und einzelne Member regelmäßig zu ihm in die Reinickestraße fuhren. Unser Anwalt war gut informiert über das, was die Ermittlungsbehörden planten, und so bekam ich wenige Tage nach der Hamburg-Fahrt mit, dass bei den Behörden der Name »Perser« gefallen war, die Indizien aber wohl nicht für einen Haftbefehl reichten. Eine Information, die bei mir nicht gerade für Erleichterung sorgte. Der Kontakt zu unserem Anwalt war jetzt unser tägliches Geschäft.

* * *

Und als wäre der Druck nicht schon groß genug gewesen, fand zehn Tage später ein Deutschland-Meeting der Hells-Angels-Charter in einem großen Saal in Leipzig statt. Mit Kadir und einigen anderen fuhr ich da hin. Ich wusste selbst nicht, wie wir uns jetzt dort präsentieren sollten, schließlich war allen klar, was passiert war, und dass unser Charter dafür verantwortlich war. Aber vielleicht wollte Kadir das Meeting nutzen, um bei den anderen Chartern ein wenig Hilfe zu erbitten. Sei es über Anwälte oder Sonstiges.

Aber dem war nicht so. Auf dem Meeting präsentierte sich Kadir aggressiver und offensiver denn je. Er wollte keine Schwäche zeigen, vielmehr hatte ich das Gefühl, er genoss es regelrecht, dass sein Charter jetzt mit einem Mord in den Schlagzeilen war. Vor dem Meeting kam der Präsident eines anderen Charters auf Kadir zu und bot seine Hilfe an. Kadir lehnte ab und konzentrierte sich lieber darauf, wieder einmal laut zu werden. Denn im Deutschland-Meeting kam zur Sprache, dass viele Charter aus NRW, gerade die migrantisch besetzten, ihre eigenen Regeln machten, Patches wie wild verteilten und sich nicht an die Regeln des Clubs hielten. Dagegen wehrten sich die Altrocker. Eine wilde Diskussion begann, bei deren Höhepunkt Kadir, dessen eigener Charter gerade komplett zerfiel, aufstand und einen Hells Angel aus NRW anschrie: »Du willst mir meinen Ruf streitig machen? Du willst meinen Patch haben? Komm und hol ihn dir.«

Obwohl Kadir so selbstbewusst auftrat, konnte ich sehen, dass er zunehmend nervöser wurde. Gegenüber Außenstehenden wurde er laut und aggressiv, zu den eigenen Leuten, die immer noch zu ihm hielten, war er freundlich wie nie zuvor. Man solle sich keine Sorgen machen, wir hätten ja gute Anwälte, so seine Worte. Ich kaufte ihm das zu diesem Zeitpunkt schon lange nicht mehr ab.

* * *

Schließlich bekam er wenige Tage nach dem Deutschland-Meeting die Information zugesteckt, dass die Staatsanwaltschaft im Begriff sei, einen Haftbefehl gegen ihn zu beantragen. Ähnlich wie schon bei der Charter-Auflösung wollte Kadir dem Ganzen zuvorkommen und sich stellen. Im kalten Januarschnee lief er also zum LKA, um sich festnehmen zu lassen. Aber sein Plan ging schief. Zwar lag beim LKA zu diesem Zeitpunkt tatsächlich ein Haftbefehl vor, allerdings war dieser noch nicht vom Gericht unterschrieben worden und nicht rechtskräftig. Ob er wollte oder nicht, Kadir musste wieder gehen. Auf diesem schon etwas verstörenden Weg wurde er damals, wie so oft, von einem Kamerateam von *SPIEGEL TV* gefilmt. Bis heute gibt es die Aufnahmen, wie er vom LKA zurückkommt und auf keine Frage antwortet. Was soll er zu diesem Zeitpunkt auch noch sagen?

* * *

Ich traf Kadir und einige andere zum letzten Mal an dem Abend, bevor er sich zum zweiten Mal stellte. Wir trafen uns nicht im Sahara, sondern im Route 66. Zu diesem Zeitpunkt waren bereits sechs oder sieben Jungs aus unserem Charter im Knast. Dementsprechend schlecht war die Stimmung. Mit Tommek besprachen wir, wie es organisatorisch weiterlaufen würde. Die Namen unserer Anwälte hatte er bereits bekommen.

Ich hörte nur halb zu und ging nach einigen Minuten an die frische Luft. Jetzt stand ich hier wieder, es war kalt und dunkel, und in dem Laden hinter mir besprachen schwerkriminelle Jungs, wie sie ihren Arsch vor dem Knast retten konnten. Und ich mittendrin. Ich schaute nach vorn und hatte das Gefühl, dass ein Wagen, der in der zweiten Reihe auf der linken Seite parkte, eine extrem lange Antenne auf seinem Dach hatte. Ich kniff die Augen zusammen, aber war mir nicht sicher. Sollte ich rübergehen und nachsehen?

Ich entschied mich dagegen. Es brachte doch eh nichts mehr. Auf einmal spürte ich, wie mir jemand von hinten auf die Schulter klopfte. Es war Kadir. »Perser, wie geht's dir?«, fragte er in einem viel zu freundlichen Tonfall. »Alles gut, mein Bester?«

Ich zuckte mit den Achseln und schaute weiter nach vorn auf den auffälligen Wagen.

»Schwierig, Kadir. Alle werden gerade verhaftet. Das ist eine ziemliche Scheißsituation.«

»Das wird schon alles werden«, sagte Kadir. »Wirst schon sehen.«

Dann drehte er sich um und ging zurück zu den anderen. Ich glaubte ihm kein Wort. Was sollte denn bitte gut werden?

Am nächsten Tag stellte sich Kadir Padir dem LKA. Diesmal schickten sie ihn nicht wieder weg. Als ich ihn das nächste Mal sah, saßen wir beide im Saal 500 des Berliner Landesgerichts. Getrennt von meterdickem Panzerglas war er weit davon entfernt, mir freundschaftlich auf die Schulter zu klopfen.

* * *

Wenige Tage, nachdem Kadir sich gestellt hatte, bekam ich am frühen Morgen den Anruf eines Members. Ich hatte echt keine Lust auf ein Telefonat. Trotzdem ging ich ran, denn vielleicht gab es ja neue ermittlungstechnische Entwicklungen, die der Anwalt ihm mitgeteilt hatte. Als er sprach, hörte ich die Aufregung in seiner Stimme. Er bat mich, zur Wohnung von Kadirs Frau zu fahren, weil es dort Ärger geben würde. Ich fasste es nicht. Wir standen alle mit einem Bein im Knast oder saßen schon ein und jetzt musste ich mich um Kadirs Angelegenheiten kümmern.

Als ich mein Auto unweit der Wohnung von Kadirs Frau abstellte, merkte ich, dass der Member nicht übertrieben hatte. Die Situation war unübersichtlich, hatte aber auch etwas von einer Daily Soap. Yasemin, die ja damals auf der Fahrt nach Frankfurt der Grund für den Streit zwischen mir und Kadir gewesen war, war mitten auf der Straße auf Kadirs Frau getroffen. Beide brüllten die halbe Straße zusammen. Kadir hatte sich gestellt und Yasemin wollte wohl irgendwelche Sachen von Kadir holen, die sich in der Wohnung von Kadirs Frau befanden. Ich parkte den Wagen und versuchte das Ganze zu klären. Niemand konnte in dieser Situation zwei streitende Frauen gebrauchen. Und als wäre das noch nicht genug, sah ich auch Melanie, die an der Seite von Yasemin stand und mit Kadirs Frau diskutierte. Ich bekam Kopfschmerzen und schrie Yasemin an: »Willst du mich verarschen? Was machst du hier? Yasemin, geh nach Hause!«

Kadir war weg und Yasemin wollte sich jetzt in den Vordergrund spielen, was Kadirs Frau natürlich überhaupt nicht gefiel.

Ich versuchte, die drei Frauen voneinander zu trennen, bevor die Polizei auftauchte. Und obwohl ich ja viel gesehen und viel gekämpft hatte, war das eine der anstrengendsten Aktionen in meiner Zeit als Hells Angel. Nach 20 Minuten hatte sich die Situation schließlich gelöst, Yasemin und Melanie waren weg. Ich ließ mich in den Sitz meines Wagens fallen und schüttelte den Kopf. Selbst dieses zwischenmenschliche Drama blieb mir im Moment nicht erspart.

* * *

Kurz nach diesem beispielhaften Auftritt kamen führende Köpfe des Hamburger Charters »Southport« zu einem Besuch nach Berlin. Weil sie sich gut mit Kadir verstanden, boten sie unserem geschwächten Charter ihre Hilfe an. Wir waren mittlerweile völlig in der Schwebe. Kadir war weg und wir verwalteten eher den laufenden Betrieb, als dass wir irgendwas taten. Wir waren ziellos und das Angebot kam uns da gerade recht. Wir trafen die Hamburger Jungs bei einem Italiener am Hackeschen Markt und sie luden uns ein, am nächsten Tag früh ins Ritz zu kommen. Stilecht waren sie dort abgestiegen, und wir könnten beim Frühstück alles Weitere besprechen. Anwälte, Geldversorgung, eine generelle Strukturierung und einen Plan für die Zukunft, darum sollte es am nächsten Tag gehen.

* * *

Als ich am Morgen aufwachte und unter die Dusche gehen wollte, hielt ich kurz inne. Irgendetwas war komisch. Es war ruhig, unnatürlich ruhig. Hatten wir nicht eigentlich gerade Bauarbeiten auf dem Grundstück nebenan? Arbeitete da heute niemand? Die Stille wurde jäh durch ein lautes BOOM unterbrochen. Ich zuckte zusammen. Noch einmal: BOOM.

Das Geräusch einer splitternden Haustür. Dann ging alles ganz schnell. »Polizei, alle auf den Boden!«, hörte ich jemanden schreien. Wie versteinert stand ich in Boxershorts im Schlafzimmer und blickte auf den gegenüberliegenden Flur. Durch die aufgebrochene Haustür stürmten ein gutes Dutzend vermummter Polizisten in die Wohnung – und gingen geradewegs an mir vorbei. Ohne dass sie in das Schlafzimmer schauten, rannten sie in die Küche und ins Wohnzimmer. Ich war wie gelähmt, aber versuchte zu realisieren, was hier gerade passierte. Ich sah mich um. An meinem Schlafzimmer gab es einen Balkon. Konnte ich da jetzt rauf? Ich drehte mich zur Balkontür, aber die Jalousien waren runtergelassen. Hektisch versuchte ich den Knopf für die elektronische Bedienung zu drücken, aber da standen die Vermummten schon im Schlafzimmer. Ich drehte mich um und spürte einen stechenden Schmerz im Brustkorb. Mehrere Beamte warfen mich aufs Bett, das Bettgestell brach ein. Alles ging im Stimmengewirr unter. Ich hörte nur »Polizei«, »nicht rühren« und so weiter. Nachdem mir Handschellen angelegt worden waren, wurde ich zur Seite gedreht. Der sachbearbeitende LKA-Beamte trat vor, sagte irgendetwas zu mir, ich durfte mich noch kurz anziehen, dann wurde ich in Handschellen abgeführt. Das Frühstück im Ritz fiel wohl aus. Denn an diesem Tag, dem 27. Januar 2014, genau 17 Tage nach der Tat im Expect, wurde ich verhaftet.

# Festgenommen

Ich wurde direkt und ohne Umschweife in das Landeskriminalamt gebracht und landete in einer Verwahrzelle. Zwei Ermittler legten mir Fuß- und Handfesseln an und ich wurde von einem der beiden über meine Rechte aufgeklärt. »Sie haben das Recht, als Beschuldigter ...« und so weiter.

Ich war noch viel zu gelähmt, um richtig zuhören zu können, geschweige denn etwas zu sagen. Allerdings bedrängte man mich, den Mund aufzumachen. »Wäre schon gut, wenn Sie mit uns sprechen«, sagte einer der beiden, aber ich war wirklich noch viel zu sehr mit dieser Situation beschäftigt, um einen klaren Gedanken zu fassen.

Anschließend wurde ich gefragt, ob ich mit der Abgabe einer DNA-Probe einverstanden sei, was ich instinktiv verneinte. Einer der Beamten schüttelte den Kopf und sagte: »Okay. Das ist Ihre Sache. Aber wenn ein Richter die Probe mit Zwang anordnet, dann werden wir das mit Zwang machen.«

Ich schüttelte den Kopf. »Na und? Das ist mir gerade scheißegal!«

Ich versuchte meine Atmung in den Griff zu bekommen und hatte keinen Kopf für irgendwelche zwanghaften Abgaben.

Dann wurde ich nach wenigen Stunden aus der kleinen Verwahrzelle in ein Vernehmungszimmer gebracht und saß dort zwei Ermittlern gegenüber. Ich erklärte den Beamten, dass ich überhaupt nichts sagen würde, aber jetzt mit meinem Anwalt sprechen wollte. Damit schienen sie gerechnet zu haben, einer der beiden geleitete mich zu einem Telefon, von dem ich die Nummer anrief, die ich damals von Tommek bekommen hatte. Allerdings war der Anwalt schon in einem anderen Fall unseres Charters mandatiert. Er versprach, einen seiner Kollegen, der bereits länger mit Leuten aus dem Charter zusammengearbeitet hatte, zu schicken. Ich bedankte mich, legte auf und wurde wieder in das Vernehmungszimmer gebracht.

* * *

Der Clubanwalt kam nach ungefähr zwei Stunden. Er war ein alteingesessener Typ, vielleicht Ende 60 und mit einem langen grauen Bart. Er sah ziemlich verlottert und verzottelt aus, trug eine braune Hornbrille und hatte lange gelbe Fingernägel. Relativ wortkarg legte er mir eine anwaltliche Vollmacht vor, die ich sofort unterschrieb. Dann riet er mir dazu, die DNA-Probe abzugeben, sonst aber zu schweigen. Mich auf keinen Fall selbst zu belasten. Der Anwalt versprach mir, dass wir in Kontakt bleiben würden, nickte den Ermittlern zu und verließ den Raum. Ich machte einen DNA-Abstrich, kam in die Gefangenensammelstelle, wurde fotografiert, Fingerabdrücke wurden genommen. Ich ließ all das über mich ergehen, kannte das meiste ja schon aus der Vergangenheit. Nur dass ich dieses Mal nicht nach einem Tag wieder gehen würde, weil ich mich lediglich irgendwo in Berlin für den Club geprügelt hatte. Dieses Mal nicht.

Am nächsten Morgen wurde ich in die Untersuchungshaft nach Moabit gebracht.

* * *

In Moabit blieb ich die nächsten sechs Wochen bis Ende Februar. Die Justizvollzugsanstalt war ein großes, dreistöckiges Gebäude und in verschiedene Trakte unterteilt. Ich musste die Geschehnisse der letzten Tage erst mal sacken lassen, allerdings war die Untersuchungshaft kein Wellnesshotel, in dem man entspannen und über das Geschehene nachdenken konnte. Nachdem ich aufgenommen, gefilzt und untersucht worden war, bekam ich meine Gefängnisklamotten und wurde in eine kleine, etwa acht Quadratmeter große Zelle geführt. Der Raum war extrem spartanisch eingerichtet. Ich hatte eine Toilette mitten in der Zelle, ein Eisengestell-Bett, das am Boden festgeschraubt war, und einen angegammelten Schrank. Es gab ein einziges Fenster, durch das allerdings kein Tageslicht hereinstrahlte. Für Beleuchtung sorgte eine einzige grelle Lampe, die mitten im Raum stand.

Wenige Tage nach meiner Verhaftung wurde mir schriftlich eine Sonderverfügung zugestellt, in der festgestellt wurde, dass ich mit keinem anderen Insassen

Kontakt haben und außerdem keine Sportaktivitäten ausüben durfte. Diese Verfügung stellten sie mir schriftlich zu, genauso wie meinen Haftbefehl. Der schriftliche Bescheid hatte einen enormen Vorteil. Er war auf rotem Papier gedruckt, mit dem ich die grelle Lampe abdimmen konnte.

Ich wusste, dass bereits einige andere aus dem Club in Moabit saßen, und war mir sicher, es würde sich unter den Gefangenen bald herumsprechen, dass ich hier war. Und tatsächlich dauerte es nicht lange, bis ich von einem anderen Inhaftierten angesprochen wurde, der als Hausarbeiter fungierte.

Ein solcher Hausarbeiter, das muss an dieser Stelle vielleicht kurz erklärt werden, ist ein Inhaftierter, der im Gefängnis eine privilegierte Position innehat. Der Essen und Hygieneartikel und Ähnliches verteilt. Immer wenn es klopfte und das Essen verteilt wurde, ging ich an die Türschwelle und traf dort auf einen der Hausarbeiter, der mich kannte. Hinter ihm stand zwar ein Wachmann, aber mit mir reden, das durfte er.

»Du bist Perser, oder?«, fragte der andere Gefangene.

»Ja«, sagte ich.

»Brauchst du was? Dann versuch ich, es dir zu organisieren.«

Ich bat um Essen, anderes Essen als dieses Knastfressen, und er versprach, sich zu kümmern. Tatsächlich wurde ich versorgt und bekam Chips, Süßigkeiten, etwas Obst. Außerdem zahlte mir der Club 700 Euro auf mein Knast-Konto ein, mit dem ich mir später einige Sachen kaufen konnte. Zwar waren auch andere Member hier, aber wir saßen in Tätertrennung, weshalb ich von den anderen nichts mitbekam, und ich durfte die Zelle auch nur für einen kurzen, halbstündigen Hofgang verlassen.

So oft es ging, versuchte ich mit dem Club-Anwalt zu sprechen, jemand anderen hatte ich schließlich nicht. Er war mein Sprachrohr nach draußen. Über ihn bekam ich von Melanie ein Paket mit allen möglichen Dingen und persönlichen Briefen geschickt, außerdem brachte man mir einen Fernseher und ein paar DVDs, und so hatte ich das Gefühl, immer noch etwas von der Außenwelt mitzubekommen.

* * *

In der sechswöchigen U-Haft realisierte ich zum ersten Mal so richtig, was im Expect überhaupt passiert war. Bis dahin war ich doch noch erheblich im Hells-Angels-Film gefangen gewesen. Zwar hatte ich mir schon vorher Gedanken über einen möglichen Ausstieg gemacht, aber in dem Moment, in dem alles zusammenbrach und ich wochenlang in dieser kleinen, ekelhaften U-Haft-Zelle saß, das einzige Licht mit meinem Haftbefehl abgedimmt, da wurde ich mir das erste Mal der Konsequenzen meines Handelns bewusst. Ich saß auf einer vergammelten Pritsche und dachte darüber nach, wie es sein konnte, dass ich in Moabit gelandet war. Mich in diese Scheiße hatte reinziehen lassen. Vor allem nachts fiel ich in einen tiefen Gedankenstrudel und dachte über meine Zeit in diesem bescheuerten Club nach. In der monatelangen Isolation sah ich die Realität, in der ich gelebt hatte, erstmalig unverfälscht, denn es gab in dieser kleinen, versifften Zelle keine Banner, Badges oder starke Jungs, die einem aufmunternd auf die Schulter klopften, weil man einem Bandido oder einem Bullen die Fresse poliert hatte. Hier gab es außer einem Fernseher und ein paar DVDs keine Ablenkung. Nur mich und meine Gedanken.

Und ebenjene Gedanken führten dazu, dass ich mich mehr und mehr fragte, warum ich eigentlich einen Anwalt hatte, der vor allem dem Club diente. Denn das tat er ja. Sicher vertrat er auf dem Papier mich, die Privatperson Kassra Zargaran. Bezahlt wurde er aber aus Geldern, die der Club erwirtschaftet hatte. War das überhaupt »mein Anwalt«? Jemand, der tatsächlich alles dafür tat, dass ich eine geringe Strafe für meine Beteiligung an diesem Verbrechen bekam? Oder ging es dem Anwalt nicht nur darum, seine Geldgeber, also den Club, zu schützen?

Von Tag zu Tag wurde ich mir unsicherer, wem ich überhaupt noch trauen und mit wem ich offen reden konnte. Ich dachte viel nach und hielt mich bedeckt, während meine Anklage vorbereitet wurde.

* * *

»Alles, was von ihrem Sohn Tahir geblieben ist, steht in einer Ecke des Schlafzimmers.«

Mitte März, in der U-Haft in Moabit. In meiner kleinen Zelle blickte ich auf den Röhrenfernseher vor mir und sah einen Bericht über Semiha Özbek. Das Kamerateam hatte sie in ihrer Wohnung getroffen. Auf dem flimmernden Bildschirm sah ich sie zum ersten Mal. Semiha

Özbek. Die Mutter von Tahir Özbek. Tahir, den einer der Jungs vor dem Traffic erkannt hatte. Tahir, der den Bandidos wohl nahestand und Stress mit unserem Charter hatte. Tahir, der jetzt tot war. Die Mutter trug ein Kopftuch und kämpfte im Beitrag mit ihren Tränen. Sie zeigte dem Kamerateam ein Bild, das ihr Sohn ihr zum Muttertag geschenkt hatte. Am unteren Bildrand befand sich ein arabischer Schriftzug. Der Reporter fragte, was dort geschrieben stand. Ihre Stimme zitterte, als sie antwortete. Sie sagte: »Meine geliebte Mama«. Und hielt wieder ihre Tränen zurück.

Ich schluckte. Ich selbst konnte meine Tränen nicht zurückhalten. Jetzt gerade war es von allem zu viel. Die Isolation, der Druck, der Fernsehbeitrag, dieses Bild. Eine Mutter hatte ihren Sohn verloren. Ich war selbst Vater einer Tochter. Ich vermisste sie jetzt mehr denn je, weil ich nicht wusste, wo sie war und wie es ihr ging. Immer mehr begriff ich, was passiert war. An was für einer Tat ich beteiligt gewesen war. Dass in Berlin gerade eine Mutter um ihren Sohn trauerte. Und ich war dabei gewesen, als es passierte. Ich war dabei gewesen. Ich würde dieses Fernsehbild nie mehr aus dem Kopf bekommen, es würde mich darin bestärken, später eine Entscheidung zu treffen. Meine Gedanken waren bei der trauernden Mutter, als ich irgendwann gegen vier Uhr in der Früh einschlief.

* * *

Über den Club-Anwalt bekam ich in dieser Zeit mit, dass die Justiz immer mehr Mitglieder unseres Charters hochnahm. Einige Leute aus dem Inner Circle hatten sich in die Türkei abgesetzt, wohingegen zunehmend Leute in den Knast wanderten, die an der Tat nicht beteiligt, an dem Expect-Abend nicht vor Ort, nicht einmal in der Stadt gewesen waren.

Es gebe wohl einen V-Mann, der die Polizei mit Informationen versorgte und schon vor der Tat Bescheid gewusst hatte, erzählte mir der Club-Anwalt. Aber ich traute der ganzen Sache nicht. Genauer gesagt, traute ich diesem Anwalt nicht. Er erzählte mir, es würde wöchentlich ein großes Meeting der Hells Angels geben, in dem über die Entwicklungen gesprochen wurde. Außerdem würde einer der Inhaftierten wohl wackeln und eventuell mit der Polizei zusammenarbeiten. Ich solle besser, und das riet er mir tatsächlich, auch während des Prozesses schweigen.

Spätestens nach diesem Gespräch hatte ich das Gefühl, dass ich aufpassen musste, was ich sagte. Ich konnte diesem Anwalt nicht mehr vertrauen. Am liebsten hätte ich ihm ins Gesicht gesagt, dass mir der Club egal war und ich für das, was passiert war, nicht hinter Gittern landen wollte, zumal ich von der Tat nichts gewusst hatte. Aber wer sagt mir, dass der Anwalt das nicht sofort Kadir, Yücel oder sonst wem steckte? Es ging mir nicht mehr um den Club. Es ging um mich. Und um meine Familie. Obwohl ich kein Typ war, der gern Briefe schrieb, antwortete ich Melanie regelmäßig. Ich erwähnte meine Bedenken über meinen Anwalt nicht explizit, aber ich glaube, sie ahnte, dass etwas nicht stimmte. Sie hatte schon vor längerer Zeit mitbekommen, dass ich mit dem Club nicht mehr zufrieden war und rauswollte. Und schließlich traf sie eigenständig eine Entscheidung, die den gesamten Prozess in eine andere, eine bessere Richtung lenkte.

***

Ungefähr nach zwei Wochen in der Untersuchungshaft tauchte plötzlich ein neuer Anwalt auf. Tzschoppe. Dieser Tzschoppe war ein Schulfreund von Melanie – sie hatte organisiert, dass er sich um meinen Fall kümmerte. Zwar hatte ich Melanie nicht explizit mitgeteilt, dass ich mich anwaltlich schlecht vertreten fühlte, aber sie hatte es gespürt. Bereits die Art, wie Tzschoppe zu mir fand, beeindruckte mich. Irgendwie kannte er jemanden, der jemanden kannte, der einen Kontakt zu mir herstellte, und dann saß er mir plötzlich gegenüber, mit einer neuen Vollmacht für eine anwaltliche Vertretung. Er stellte mir diese eine Frage, die der Club-Anwalt mir nie gestellt hatte: »Herr Zargaran. Jetzt erzählen Sie doch mal Ihre Sicht der Dinge. Was ist an dem Abend der Tat passiert?«

# § 46b Abs. 3 StGB – der Perser wird Kronzeuge

Tzschoppe war in dieser Situation genau die richtige Person für mich. Er war jemand, dem ich blind vertrauen konnte. Er war unabhängig, niemand, der nur die Interessen des Clubs vertreten wollte, sondern explizit an mir und meiner Situation interessiert war. Nach seiner Einstiegsfrage atmete ich tief durch und legte los. Nach Wochen der Inhaftierung hatte ich das Gefühl, endlich einmal alles loswerden zu können. Ich berichtete ihm, dass ich von der Aktion, die Tahir das Leben kostete, nichts gewusst hatte. Ich hatte geahnt, dass der Inner Circle des Charters einzelne Leute bestrafen wollte und es einen Mordauftrag gegeben hatte – aber von den konkreten Plänen war nichts bei mir angekommen. Ich erklärte ihm gerade die Struktur der Hells Angels und unseres Charters sowie den Führungskult um Kadir Padir, als er nach ungefähr einer Stunde die Stirn in Falten legte und mich unterbrach. »Du musst die Sache klarstellen«, sagte er mit ernster Miene. »Du musst die Kuh vom Eis holen. Das, was du mir erzählt hast, musst du mit in den Prozess bringen.«

Mittlerweile hatten wir das »Sie« hinter uns gelassen und uns auf das »Du« geeinigt. Das war einfacher.

»Was meinst du?«, fragte ich.

»Na ja«, sagte er. »Du musst eine Aussage machen. Der Fall muss sich aufklären. Aber das wird er nicht, wenn du schweigst.«

Ich schaute ihn an, wartete, was er als Nächstes sagen würde.

»Vielleicht ...«, er legte den Kopf zur Seite. »Vielleicht kann dir bei einer möglichen Aussage der § 46b Abs. 3 StGB helfen. Der sogenannte Kronzeugenparagraf.«

Kronzeugenparagraf? Irgendwo hatte ich das schon mal gehört. Tzschoppe sah meinen fragenden Blick, nickte und klärte mich auf.

»Im deutschen Strafgesetzbuch gibt es eine sogenannte Kronzeugenregelung für die Mitglieder krimineller Organisationen. Der Richter kann die Strafe mildern, wenn der Täter sich bemüht, eine weitere verbrecherische Tätigkeit der Organisation zu verhindern.«

Allmählich begriff ich, was er meinte.

Kronzeugen, so führte es Tzschoppe weiter aus, hätten eine besondere Nähe zur offenbarten Tat, weil sie Teil einer kriminellen Struktur seien, für deren Aufdeckung der Staat in besonderem Maße auf Aufklärungs- und Präventionshilfe angewiesen ist. Kooperationsbereiten Tätern wird daher ein Anreiz geboten, Hilfe zur Aufklärung schwerer Straftaten zu leisten, um abgeschottete Strukturen insbesondere im Bereich der organisierten Kriminalität aufzubrechen. Wenn ein Kronzeuge sich der Staatsanwaltschaft zur Verfügung stellt und seine Aussage wesentlich dazu beiträgt, dass eine Tat aufgedeckt werden kann, gewährt das Gericht dem Kronzeugen im Gegenzug Strafmilderung bis hin zum völligen Straferlass.

Ich nickte, während er weitersprach.

Möglich seien auch Maßnahmen zum polizeilichen Zeugenschutz, wenn ein Kronzeuge sich infolge seiner Aussagebereitschaft einer Gefährdung aussetzt.

Ich lehnte mich zurück und verschränkte die Arme. Einer Gefährdung würde ich mich durch so eine Aussage in jedem Fall aussetzen. Und trotzdem. Als Kronzeuge zu fungieren – das klang gar nicht so schlecht.

Das war eine realistische Option für mich.

***

In den nächsten vier Wochen kam Tzschoppe regelmäßig vorbei und versuchte mir alle Fragen, die ich zu der Sache hatte, so genau wie möglich zu beantworten.

An dieser Stelle mag man vielleicht denken, ich hätte mich auch gleich entscheiden können, als Kronzeuge im Prozess aufzutreten. Wieso hatte ich nicht direkt überlegt, gegen die anderen auszusagen, als ich aus meiner Wohnung abgeführt wurde? Ich hatte doch eh schon an den Ausstieg gedacht? Zur Erklärung muss man sich die Lebensrealität und das Umfeld ansehen, in dem ich mich jahrelang und noch am Tag meiner Verhaftung bewegt hatte. In meinem ganzen vorherigen Leben hatte ich noch nie mit der Polizei kooperiert. Seit meiner frühesten Jugend in Norderstedt und meinen ersten Strafanzeigen war die Exekutive in diesem Land mein Feind gewesen. Als ich ein Hells Angel wurde, verfestigte sich diese Einstellung ganz selbstverständlich noch einmal. Wir lebten in unserer eigenen Realität. Die Polizei und die Staatsanwaltschaft waren in unseren Augen diejenigen, die uns, die glorreichen Hells Angels vom Berlin-City-Charter, einfach nicht in Ruhe lassen wollten, während wir doch einfach nur die Stadt in Ordnung hielten! Diese Denkweise, eine absolute grundsätzliche Ablehnung der Polizei und des Rechtsstaats, war tief in mir verankert. Von einem Tag auf den anderen zu entscheiden: Sorry, ich sag dann mal aus und liefere dem Rechtsstaat alles, was er braucht – das war nicht so einfach.

Es war ein Wechsel von einem ins andere Extrem.

Denn allumfassend auszusagen hieß gleichzeitig auch: mein altes Leben zu beenden. Ohne zu wissen, wie es weitergehen würde. Der Club hatte bis dahin ja alles bestimmt.

Freunde, Bekanntschaften, sozialer Austausch, das alles erfolgte unter dem Label der Hells Angels. Man muss es so klar und drastisch formulieren: Von Melanie und meiner Tochter abgesehen, hatte ich nichts und niemanden außer dem Club. Und jetzt musste ich mich innerhalb kurzer Zeit dazu entscheiden, all das für eine eventuelle Strafmilderung aufzugeben.

Würde ich nicht aussagen, würde ich in den Knast gehen. Der Club-Anwalt würde versuchen, die Strafe zu mildern, irgendwann würde ich dann wieder rauskommen und irgendwelche falschen Brüder aus den verschiedensten Hells-Angels-Chartern würden wissen, wer ich war. Perser, der gesessen hatte. Daran würden sie sich erinnern. Dass ich für den Club in den Knast gegangen war. Aber das wollte ich nicht. Ich wollte nicht für eine »Gemeinschaft« sitzen, die mordete.

Es ging mir, falls ich aussagen sollte, natürlich in erster Linie darum, meine Familie zu schützen. Melanie und mein Kind. Die Entscheidung, als Kronzeuge zu fungieren und mit dem LKA und der Staatsanwaltschaft – wahrscheinlich über mehrere Jahre – zusammenzuarbeiten, war etwas anderes als ein spontaner Ausflug in den Europapark. So eine Entscheidung verändert das Leben. Und nicht nur das eigene, sondern vor allem auch das Leben derer, die man liebt.

Ich musste also von meinem Anwalt ganz genau wissen: Welche Schutzmöglichkeiten bekam ich? In welchem Ausmaß konnte ich im Strafmaß Erleichterungen erwarten? Wie würde es danach weitergehen? Was würde, sollte ich mich zur Aussage entscheiden, konkret passieren?

Eine allumfassende Aussage von jemandem, der so tief in den Strukturen eines Hells-Angels-Charters steckte wie ich, hatte es zu diesem Zeitpunkt noch nicht gegeben. Dafür würde mich ein ganzer Haufen Leute tot sehen wollen. Das war mir klar.

Nach vier Wochen Bedenkzeit und vielen Gesprächen bat ich Tzschoppe am 18. März 2014, der Oberstaatsanwaltschaft mitzuteilen, dass ich mich als Kronzeuge nach Paragraf 46b Absatz 3 zur Verfügung stellen würde. Meine Entscheidung stand fest.

Am Tag darauf besuchte mich Tzschoppe wieder. Er saß bereits auf seinem Stuhl, als ich ins Verhörzimmer gebeten wurde, und hatte die Beine übereinandergeschlagen.

»Es gibt gute Neuigkeiten«, begann er ohne Umschweife und ich setzte mich ihm gegenüber. »Die Staatsanwaltschaft lässt sich auf die Sache ein.«

»Okay, gut. Was bedeutet das konkret?«

»Dass du jetzt Kronzeuge bist. Das LKA wird dich morgen von hier abholen und an einen geheimen Ort bringen. Niemand wird wissen, wo du bist. An diesem Ort wirst du erst mal isoliert sein. Nahezu abgeschirmt von der Außenwelt. Und dann wirst du aussagen müssen. Erst beim LKA und später, wenn die Anklagen gegen dich und die anderen erlassen worden sind, vor Gericht. Sie werden dich beim LKA und vor Gericht zu allem befragen. Zunächst zu der Tat im Expect. Und dann zu allem, was du über den Club sagen kannst. Über Strukturen, Männer, Hintermänner. Verbindungen, Drogengeschäfte, Waffendeals und andere Geschehnisse und gewalttätige Aktionen, die auf euer Charter zurückgehen.«

Ich nickte, ohne etwas zu sagen.

»Ich sage es dir ganz direkt. Das wird hart. Auch wenn der Prozess beginnt. Alle zehn angeklagten Hells Angels werden im Saal sein. Mit dir gleichzeitig. Du hast dann eine Doppelfunktion und wirst als Angeklagter, aber auch als Zeuge auftreten. Es werden lange Verhandlungstage werden und der Prozess wird sich ziehen. Schließlich sind mit dir insgesamt zehn Menschen angeklagt. Das wird nicht an einem Nachmittag verhandelt. Das wird Jahre dauern.«

Das hatte ich mir bereits gedacht. Das Ganze sollte ein Mammutprozess werden und ich war jetzt bereit dafür. Dass ich mich durch meine allumfassende Aussage automatisch zum größten Feind der Hells Angels machte, begriff ich in diesem Moment noch gar nicht richtig. Ich hatte eine Entscheidung getroffen und wollte daran festhalten. Ich wollte mich jetzt geradEmachen. Aber nicht für den Club, sondern gegen ihn.

* * *

Es war genauso, wie mein Anwalt es mir gesagt hatte. Nachdem ich die Entscheidung getroffen hatte, beendete ich meinen sechswöchigen Aufenthalt in Moabit und wurde an einen geheimen Ort gebracht, über den ich an dieser Stelle nicht sprechen darf.

Es ist gut möglich, dass in der allgemeinen gesellschaftlichen Vorstellung ein Kronzeuge in einem so wichtigen Verfahren jemand ist, der auf Händen getragen wird. Dass jemand, der sich bereit erklärt, allumfassend auszusagen, irgendwelche Besonderheiten, Belohnungen oder sonderlich gute Haftumstände bekommt. Aber das ist Unsinn. Meine neue Zelle war ähnlich spartanisch wie die Zelle in Moabit. Wieder lebte ich auf acht Quadratmetern. Zur Ausstattung gehörten eine Eisentoilette, ein Eisenwaschbecken, ein abgegriffener Schrank und eine verbeulte Pritsche. Ich machte mir von Anfang an keine Illusionen und auch mein Anwalt hatte mir bereits mitgegeben, dass ich keine Privilegien genießen würde. Die Zeit beim LKA würde nicht angenehm werden. Und das wurde es auch nicht.

Jeden Morgen wurde ich aus meiner neuen Zelle abgeholt, in ein Auto gesetzt und in ein Verhörzimmer des

LKA gebracht. Hier machte ich täglich meine Aussagen. Ich könnte an dieser Stelle pathetisch schreiben, dass es mir bei diesen langen, stressigen Vernehmungen mit wenigen Pausen darum ging, »die Wahrheit« ans Licht zu bringen. Dass ich aussagte, um »reinen Tisch« zu machen und mich von all den Geschehnissen und der Mitgliedschaft in einer kriminellen Vereinigung loszusagen. Aber das wäre Unsinn. Ich war aus einem ganz speziellen Grund dort, wo ich jetzt war. Ich wusste, dass ich ein Leben lang hinter Gittern landen würde, wenn ich meine Sicht auf die Dinge, die passiert waren, nicht einwandfrei klarstellte. Ich wollte nicht in den Knast für einen Mord, von dem ich nichts gewusst und den ich niemals unterstützt hatte.

Ich bin mir bis heute sicher, dass der Junge, der viel zu früh wegen einer Nichtigkeit sterben musste, gezielt getötet wurde. Und ich weiß ganz genau, dass nicht alle, die mit ins Expect gingen, von dem Mordauftrag wussten, den Recep schließlich ausführte.

Die Erkenntnis, dass der Inner Circle und Kadir an vorderster Stelle ganz genau Bescheid gewusst hatten und die ach so wichtigen Member der Hells-Angels-»Familie« einfach verbrannt wurden, das war eine Ungerechtigkeit, mit der ich nicht umgehen konnte. Es saßen mittlerweile etliche Familienväter im Knast. Derweil befanden sich einige führende Köpfe auf der Flucht in die Türkei und verheizten ein paar dämliche Bauernopfer, die nach Patches und Anerkennung gestrebt hatten.

* * *

Während meiner Aussagen beim LKA kämpfte ich an mehreren Fronten. Zum einen wollte ich klarstellen, dass ich bei der Aktion zwar dabei gewesen war, aber nichts von dem Mord gewusst hatte. Gleichzeitig versuchte ich zumindest irgendetwas gegen meine Haftbedingungen zu unternehmen und zu guter Letzt versuchte ich meine Familie zu informieren, wofür ich mich entschieden hatte und dass dieser Weg, den ich einschlug, der richtige war. Letzteres erübrigte sich leider ganz von selbst: Mit Lisa war es sowieso vorbei, aber auch Melanie, die mir den neuen Anwalt besorgt und sich bisher sehr um mich gekümmert hatte, trennte sich von mir und verhielt sich distanziert.

Ich konnte das gut nachvollziehen, die Belastungssituationen einer Isolationshaft ist für die wenigsten Partner ertragbar. Melanie und ich versuchten trotzdem sporadisch den Kontakt zu halten. Ich war über diese Situation sehr unglücklich, aber was sollte ich tun?

Neben den persönlichen Baustellen hatte ich einen Prozess am Hals, in dem es um eine Beteiligung an gemeinschaftlichem Mord ging, wofür es mindestens 15 Jahre Knast gab mit eventueller anschließender Sicherheitsverwahrung. Kurzum: Es waren beschissene Aussichten.

Um meine Haftumstände zu verbessern und vielleicht etwas anderes zu bekommen als wieder nur dieselbe 8-Quadratmeter-Zelle wie in Moabit, wandte ich mich an die Behörden vor Ort. Mein Anwalt setzte ein Schreiben auf und leitete es an die Justiz weiter. Allerdings wurde unser Antrag auf Hafterleichterung immer wieder abgewiesen, weil es hieß, ich sei ein zu heißes Eisen, hätte enorme Priorität, deshalb sei mein hoher Sicherheitsschutz wichtig. Und ein hoher Sicherheitsschutz hieß eben in meinem Fall: Isolationshaft.

* * *

Beim LKA liefen die Tage immer gleich ab. Jeden Morgen wurde ich zur selben Zeit abgeholt und zum Amt gefahren und abends wieder zurückgebracht. Zunächst wurde ich von einem Psychologen mit einer braunen Hornbrille in einem abgedimmten Verhörzimmer zu meiner Kindheit, meiner Schulzeit und meinem Leben befragt. Das war unspektakulär, aber gehörte wohl dazu. Nach diesem kurzen Vorspiel musste ich dann die ersten drei Monate bei der Mordkommission aussagen und den Tatablauf im Expect bis ins kleinste Detail beschreiben.

Den ganzen Tag saß ich mit meinem Anwalt in einem Verhörzimmer. Im Raum waren zwei Schreibtische im 90-Grad-Winkel angeordnet, an einem Tisch tippte eine Protokollantin mit, am anderen saßen uns die beiden Ermittler gegenüber. Tszchoppe und ich saßen mit dem Rücken zur Wand.

Die Ermittler ließen mich erzählen, stellten Nachfragen, noch mehr Nachfragen und hörten zu, während die Protokollantin tippte. Es gab nur wenige Pausen und ich bekam in diesem fensterlosen Raum Kopfschmerzen.

Nach diesen drei Monaten bei der Mordkommission kam ich in das sogenannte »Phänomen Rocker«. Die Situation dort war ähnlich wie bei der Mordkommission.

Ein ähnliches Verhörzimmer, dieselbe Ausstattung. Andere Ermittler, andere Fragen. Jetzt ging es um alles, was ich über die Hells Angels und über mein Charter wusste, und um die Aktionen, die auf das Konto unseres Charters gingen. Da ich mich entschieden hatte, allumfänglich auszusagen, nahm ich kein Blatt vor den Mund. Die Beamten hörten mir zu, standen mir und meinen Aussagen aber sehr kritisch gegenüber. Es war nicht so, dass sie jedes Mal applaudierten, wenn ich Interna ausplauderte oder erklärte, wie die Verbindung des Charters zu Arafat Abou-Chaker war. Sie nahmen meine Aussagen zur Kenntnis, aber kommentierten sie nicht weiter – verständlich, sie hatten allen Grund, misstrauisch zu sein, schließlich war ich bis vor Kurzem ein vollwertiger Hells-Angels-Member gewesen.

Nach einigen Wochen baten die Beamten mich, die Person Kadir Padir näher zu beschreiben. Ich holte tief Luft und legte los. Dazu konnte ich mehr als genug erzählen. Stundenlang beschrieb ich den Ermittlern, wie ich Kadir wahrgenommen hatte, als dissozialen Charakter, der zwar intelligent, aber auch sehr manipulativ und bis zu einem gewissen Grad vereinnahmend war. Jemand, der andere nur so lange um sich haben wollte, wie sie ihm nutzten.

Nachdem ich etwa eine halbe Stunde geredet hatte, unterbrach mich einer der Ermittler und fragte: »Können Sie seine Persönlichkeit vielleicht anhand einer Anekdote beschreiben? Ist Ihnen von vor der Verhaftung noch eine Situation in Erinnerung?«

Ich musste fast grinsen. Wo sollte ich da anfangen? Mir fielen unzählige Momente ein, in denen Kadir Padir seinen Charakter, ob gewollt oder nicht, offenbart hatte. Ich dachte kurz nach und erzählte dann die Geschichte, die Kadir selbst bis zuletzt gern erzählt hatte, als er in Reutlingen anrief und den Typen am anderen Ende der Leitung zusammengebrüllt hatte, mit den abschließenden Worten »Gib mal bei Google meinen Namen ein. Dann weißt du, wer ich bin.«

Ich gab den kompletten Dialog, so wie Kadir ihn vor versammelter Mannschaft erzählt hatte, eins zu eins wieder. Ich hatte Kadirs Stimme im Kopf und sah ihn vor meinem inneren Auge, wie er selbstgerecht im Clubhaus stand, die Arme auf seinem dicken Bauch abgelegt, und wieder von sich und seinen Heldentaten erzählte. Eben auch von dieser Heldentat, die darin bestand, irgendjemanden am Telefon niederzubrüllen.

Nachdem ich mit meiner kleinen Erzählung abgeschlossen hatte, sahen sich die beiden Ermittler kurz an und schwiegen.

Was war denn jetzt los?

»Einen kleinen Moment, bitte«, sagte die weibliche Ermittlerin und verließ den Raum.

Nach wenigen Minuten kam sie wieder herein, mit einem dritten, mir bisher unbekannten Typen, der ein Headset umhatte.

»Herr Zargaran?«, fragte der Typ mit dem Headset.

»Ja?«

Wer war denn das auf einmal?

»Ich wollte Ihnen nur sagen, alle Achtung! Ich arbeite seit 24 Jahren in dieser Behörde als leitender Ermittler. Sie haben das Telefonat mit Kadir Padir fast eins zu eins im Wortlaut wiedergegeben. Gute Arbeit!«

Er schloss die Tür, die Ermittlerin kam wieder rein und setzte sich. Auf dem Tisch zwischen den beiden Ermittlern und mir stand eine Schale mit Weintrauben. Die Ermittlerin schaute mich an, lächelte kurz und schob mir dann die Schale mit den Trauben rüber.

***

Die Isolationshaft wurde zwar nicht angenehmer, aber die Ermittler vom LKA, das spürte ich, vertrauten mir nun in meinen Aussagen. Sie ahnten, dass ich es ernst meinte und nicht einfach nur Quatsch erzählte, um mit so wenig Einsatz wie möglich mildernde Haftumstände zu erwirken. Ich konnte nachvollziehen, dass sie mir gegenüber misstrauisch waren, aber für mich gab es absolut keinen Grund zu lügen. Ich hatte der Staatsanwaltschaft angeboten, als Kronzeuge zu arbeiten – und ebenso wie ich meine Mitgliedschaft bei den Hells Angels ernst genommen hatte, nahm ich jetzt auch die Aufarbeitung sehr ernst. Ich wollte den Ermittlern nicht ab und zu ein paar Brotkrumen hinschmeißen und irgendwelche taktischen Manöver fahren. Ich hatte mit meiner gesamten Vergangenheit, meinem gesamten bisherigen Leben abgeschlossen und es gab für mich absolut keinen Grund, jetzt nicht Vollgas in die entgegengesetzte Richtung zu geben. Ich hatte nichts mehr zu verlieren, sondern nur etwas zu gewinnen. Und zwar nicht weniger als eine Zukunft ohne den Club.

So änderte sich über die Monate schließlich langsam, aber bedächtig das Verhältnis zwischen den Ermittlern und mir. Ich glaube, das passiert zwangsläufig, wenn man tagtäglich mehrere Stunden aufeinanderhockt und miteinander spricht.

Nach einigen Wochen im »Phänomen Rocker« aß ich mit den Ermittlern gemeinsam zu Mittag und wir tauschten gelegentlich auch private Details miteinander aus. Irgendwann, kurz bevor es nach der Mittagspause mit den Vernehmungen weitergehen sollte, sagte einer der beiden Ermittler zu mir: »Ganz ehrlich, Herr Zargaran. Sie sind doch eigentlich ein eloquenter, intelligenter Mensch. Sie hätten auch Anwalt oder Polizist werden können. Gar nicht so unwahrscheinlich, dass Sie sogar hier bei uns gelandet wären. Irgendwie schade, dass Sie heute auf der anderen Seite sitzen.«

Ich musste lächeln. Ja, das hätte alles vielleicht anders werden können. Irgendwann, vor einer halben Ewigkeit einmal. Aber an irgendeinem Punkt in meinem Leben war es eben so gelaufen und ich hatte mich für die Hells Angels entschieden. Aber jetzt war ich bereit, mit meiner Vergangenheit abzuschließen und nach vorn zu schauen. Dafür war ich schließlich hier und machte täglich meine Aussagen.

* * *

Ich sagte vollständig aus, auch über den inneren Kreis und diejenigen, von denen ich vermutete, dass sie mehr wussten als andere. Ich berichtete über Verbindungen zu arabischen Großfamilien, wer welche Tür in Berlin kontrollierte, über Drogenlieferungen aus Rotterdam und die Umschlagplätze am Nollendorfplatz. Ich erzählte, welcher Member in welcher Diskothek stiller Teilhaber war und erzählte sogar die Geschichte, wie ich als einer der Sicherheitsmänner für Rihanna zuständig gewesen war. Die Ermittler wollten alles wissen und ich nahm mich zu keinem Zeitpunkt zurück.

* * *

Dann tauchte eines Tages jemand im Verhörzimmer auf, von dem ich nicht geglaubt hatte, ihn jemals wiederzusehen. Es war noch früh am Morgen und ich wartete auf die Ermittler, als die Tür des Zimmers aufging und mir jemand die Hand reichte. Das war Koslow! Der Russe. Was wollte er denn jetzt hier?!

»Perser, alles gut? Wie geht's dir?«

Irritiert stand ich auf und sagte erst einmal nichts. Er hielt mir weiter seine Hand hin, aber ich war zu verwirrt, um danach zu greifen. Woher wusste er, wo ich war? Was wusste er überhaupt von meinen Aussagen? Warum konnte er, der als Fanboy immer eine gewisse Nähe zu den Hells Angels gehabt hatte, hier einfach reinmarschieren? Ein Personenschützer betrat den Raum und bat Koslow zu gehen. Die Ermittler entschuldigten sich bei mir. Ich winkte ab. »Den kenn ich schon«, sagte ich und wir machten wie geplant mit den Vernehmungen weiter.

Es war das letzte Mal, dass ich den Russen sah. Später erfuhr ich, dass er mit diesem Auftritt seine Kompetenzen bei der Polizei endgültig überschritten hatte und dazu verdonnert wurde, irgendwelche Graffitis in Berlin zu entfernen.

* * *

Über die Wochen und Monate meiner Vernehmung versuchte ich mir einen eigenen Alltag zu schaffen. Ich stand jeden Morgen etwa zur selben Zeit auf und machte etwas Sport in der Zelle. Mittlerweile hatte ich meine Sachen aus Moabit rübergeschickt bekommen und besaß jetzt einen eigenen kleinen Fernseher und einen DVD-Player.

Ein Problem war allerdings, dass ich meine Wäsche zunächst nicht waschen durfte. Ich fragte mehrmals nach, aber es hieß immer wieder, »man werde sich darum kümmern«. Es kümmerte sich aber niemand und so lagerte meine schmutzige Wäsche in den ersten zwei Monaten in gelben Müllsäcken neben meiner Pritsche. Das war nicht gerade angenehm, aber als ich die Beutel zuschnürte, hatte sich zumindest der Geruch erledigt.

Generell waren die Haftumstände nicht gerade rosig. Bedienstete, die mir Essen brachten, verspäteten sich ständig und das Essen war längst kalt, wenn es bei mir ankam. Eine ausgewogene Ernährung gab es ohnehin nicht, das war mir schon kurz nach der Verlegung klar gewesen. Einmal die Woche bekam ich einen labbrigen Backfisch mit Kartoffeln und eine abgestandene Senfsoße dazu. Nun gut, ich saß nicht im Hotel Ritz, wo ich auf ein exorbitantes Frühstücksbuffet hoffen durfte, sondern immer noch im Gefängnis.

Aus Moabit hatte ich mir auch die Sachen mitbringen lassen, die ich mir von Melanie aufgehoben hatte. Ich behielt ihre Briefe an mich, las sie mir aber nicht noch mal durch. Ich bekam auch regelmäßig Post von meinem Anwalt, der mich immer mit Beschlüssen und Gerichtsurteilen versorgte und mir alles zu meiner Anklage zukommen ließ. So erfuhr ich auch, dass das Verfahren gegen mich im Oktober eröffnet werden sollte. Ich sammelte alles, was Tzschoppe mir schickte und was für mich und meinen Fall relevant war. Bis zum Prozessbeginn entstanden so fünfzehn schwere Leitz-Ordner, in denen ich jeden Abend nach meinen Aussagen beim LKA nach Unstimmigkeiten oder Dingen, die mir auffielen, suchte und mit einem gelben Marker markierte. Ich wollte mich vorbereiten, denn schon vor dem Prozessbeginn gab es verschiedene Entwicklungen, über die mich mein Anwalt informierte.

So hatte sich Recep, der Schütze aus dem Expect, in einem Brief an die Staatsanwaltschaft gewandt und gesagt, er habe in Notwehr gehandelt. Die Aktion sei nicht geplant gewesen, es tue ihm sehr leid und er könne nur schwer damit leben. Als mein Anwalt mir das erzählte, schüttelte ich den Kopf. Er versuchte einfach durchzukommen. Ich wusste sofort, dass das nicht stimmte, vielleicht hatte ihm ja der Club-Anwalt zu diesem Move geraten.

Zwei Wochen vor Prozessbeginn bekam ich erneut Post von der Staatsanwaltschaft. Es war die offizielle Verkündung der Verfahrenseröffnung. Ich hatte ein flaues Gefühl im Magen, als ich den Termin für die Hauptverhandlung im Brief las: 1. Oktober 2014. Jetzt ging es bald los.

In diesen zwei Wochen arbeitete ich mit meinem Anwalt noch enger zusammen. Es war nicht so, dass er mir die Hand halten musste, aber er versuchte, mich auf die Anstrengungen des Prozesses vorzubereiten. Er riet mir, mich vor allem auf mich und nicht auf die anderen zu konzentrieren, denn es war klar, dass ich im Landgericht Berlin immerhin zehn Angeklagten gegenübertreten würde, ehemaligen Brüdern, für die ich jetzt der Todfeind war. So arbeiteten wir noch enger zusammen und ich legte mir einen eigenen Ordner an, den ich mit in den Gerichtssaal bringen wollte. In den Akten, die ich von meinem Anwalt bekommen hatte, Vernehmungsprotokolle und Ähnliches, strich ich neuralgische Punkte an, die mir auffielen. Beispielsweise V-Leute, die die Polizei eingeschleust hatte und die offenbar, obwohl sie von dem Mordauftrag gewusst hatten, nicht handelten. Dann ging es um Widersprüche in der Anklageschrift. Es war mir wichtig, mich gewissenhaft auf den Prozess vorzubereiten, schließlich wurde hier nicht weniger als mein Leben verhandelt.

Es war zu diesem Zeitpunkt noch nicht klar, wie lange der Prozess dauern würde. Tzschoppe meinte, die Staatsanwaltschaft spekuliere auf anderthalb bis zwei Jahre. Am Ende sollte der Prozess insgesamt vom 1. Oktober 2014 bis zum 1. Oktober 2019 gehen. Ganze fünf Jahre. Schließlich wollte sich das Gericht nicht sagen lassen, es hätte unsauber gearbeitet.

* * *

Eine Woche, bevor das Gerichtsverfahren losging, traf ich mich noch einmal mit meinem Anwalt und er unterbreitete mir einen Vorschlag. Mittlerweile hatte ich neben ihm noch einen zweiten Anwalt, der mich ebenfalls beim Prozess unterstützte, und dieser zweite Anwalt kam auf eine Idee, die Tzschoppe mir kurz vor Prozessbeginn erläuterte. Wenn ich in den Zeugenstand trat, sei es unbedingt wichtig, dass alle meine Aussagen mit aufgenommen und gewürdigt würden. Deshalb, so schlugen es meine Anwälte vor, sollten alle Aussagen, die ich beim LKA gemacht hatte, verlesen werden. Um die 800 Seiten.

»Alles muss gewürdigt werden«, sagte Tzschoppe mit ernster Miene. »Die Sache ist die. Falls du in Revision gehen solltest und dich auf Aussagen beziehst, die vor Gericht nicht getätigt worden sind, hast du ein Problem. Dann wird das Gericht darauf verweisen, dass diese Aussagen in das Verfahren nicht eingeführt worden sind. Verlesen wir aber alles, den kompletten Schriftsatz, müssen diese Aussagen berücksichtigt und gewürdigt werden. Das wird etwas dauern, die gegnerischen Anwälte und die Staatsanwaltschaft werden genervt sein, aber dann ist das eben so.«

Ich nickte. Das war ein guter Plan. Meine Anwälte wussten einfach, was sie taten.

* * *

Der erste Prozesstag war der 4. November 2014. In der Nacht zuvor schlief ich nur kurz und in der Früh versuchte ich mich zu sammeln. Ich versuchte mir vorzustellen, was an diesem Tag passieren würde. Ich war etwas angespannt, als ich wie fast jeden Morgen abgeholt wurde. Aber diesmal wurde ich in das Landgericht Berlin-Moabit in der Turmstraße gefahren und von mehreren Fahrzeugen eskortiert. Der Wagen parkte am Hintereingang und ich sah das riesige neobarocke Gerichtsgebäude nur im Vorbeifahren. Eskortiert von mehreren vermummten Sicherheitskräften wurde ich durch die Katakomben geführt und schließlich durch lange Gänge und breite Treppen vor den holzvertäfelten Saal 500 gebracht, dem einzigen Saal mit Panzerglasschutz.

Das Verfahren war um 10 Uhr angesetzt, musste aber um 45 Minuten verschoben werden. Obwohl ich von mehreren Beamten eskortiert wurde, war zusätzlich im Gebäude noch eine Hundertschaft der Polizei im Einsatz und patrouillierte im Sicherheitsbereich. Meine Anwälte hatten mir angekündigt, dass der Prozess große mediale Aufmerksamkeit erregen würde, und ich hatte im Vorfeld schon viel von der Berichterstattung mitbekommen, hatte mein eigenes Gesicht im Fernsehen gesehen und über mich in der Zeitung lesen können. Aber als ich im Gerichtsgebäude ankam, erwartete mich schon vor dem Saal ein Tumult, mit dem ich nicht gerechnet hatte. Alles war voller Pressevertreter. Justizvollzugsbeamte brachten mich, abgeschirmt von der Öffentlichkeit, in eine kleine Vorführzelle, in der ich noch kurz warten sollte. Ich hatte eine dunkle Ray-Ban-Sonnenbrille auf, die ich in dieser nicht einsehbaren Zelle kurz abnahm.

»Gute Idee.«

Ich drehte mich nach links. Es war einer der Justizvollzugsbeamten, der mich angesprochen hatte. Ich war kurz verwirrt. Was meinte er?

»Na, die Idee mit der Sonnenbrille. Das könnte gleich etwas blenden.«

Ich musste lachen. Der ganze Gerichtssaal war im Ausnahmezustand, eine Hundertschaft patrouillierte das Gebäude und er sprach mich auf meine Sonnenbrille an. Irgendwie war das nett und beruhigte mich ein bisschen. Ich gab ihm die Hand und lernte so Kolle kennen. Nach kurzer Wartezeit kam Tzschoppe noch mal in meine kleine Vorführzelle. Er wirkte konzentriert, aber nicht wirklich aufgeregt.

»Okay«, sagte er. »Es geht gleich los. Ich will nur, dass du weißt, dass wirklich viel los ist. Alles ist voller Presse. Es gibt im Saal oben eine Empore, aber die haben sie heute geschlossen, weil das Gericht nicht wollte, dass es noch mehr Plätze gibt. Es gibt sogar einen Liveticker, der durchläuft und vom Prozess berichtet. Aber versuch dich davon nicht ablenken zu lassen.«

»Einen Liveticker?«, fragte ich. Wie zum Beweis trat Kolle hervor, zückte sein Smartphone und zeigte mir einen sich ständig aktualisierenden Liveticker von meinem Verhandlungstag, betitelt mit der Überschrift:

+++ SO LÄUFT DER AUFTAKT DES GRÖSSTEN HELLS-ANGELS-VERFAHRENS ALLER ZEITEN +++

* * *

Meine Zuführung zum Saal erfolgte über eine steile Treppe, die vielleicht einen Meter breit war. Begleitet von Justizvollzugsbeamten, einem Personenschützer und meinen Anwälten ging ich zur Verhandlung. Als die massive Holztür geöffnet wurde, prasselte ein Blitzlichtgewitter auf mich herab und ich war tatsächlich froh, an die Sonnenbrille gedacht zu haben.

Als die Fotos endlich gemacht worden waren, wurde ich zu einem mit Panzerglas geschützten Kasten gebracht. Ich schaute in einen vollen, fast unüberblickbaren Gerichtssaal. Die Fotografen mussten gehen und es kamen jetzt sechs oder sieben Kamerateams. Die Stimmung im Saal war seltsam, es war sehr leise, als stünden alle unter Schock, dass es tatsächlich losging. Links neben mir in einer zweiten mit Panzerglas geschützten Box sah ich die anderen. Meine ehemaligen Brüder. Keiner von ihnen würdigte mich eines Blickes, aber das war mir nur recht so. Der Schütze, Recep, hatte ebenfalls einen eigenen Glaskasten bekommen, er hatte behauptet, er sei ausgestiegen und da ihm das Gericht zunächst glauben musste, wurde auch er geschützt.

Ich setzte mich und spürte, dass die ganze Aufmerksamkeit des Saales auf mir lag. Das hatte auch einen Grund, denn die Anklage der Staatsanwaltschaft, die gegen die anderen erhoben worden war, basierte zu 80 Prozent auf den Aussagen, die ich nach meiner Verhaftung gemacht hatte. Wegen mir würden die Leute jetzt in den Knast gehen – oder eben nicht. Das würde sich im folgenden Prozess entscheiden.

* * *

Insgesamt waren für alle zehn Angeklagten – inklusive mir – 34 Anwälte als Verteidiger im Saal. Allein Kadir Padir hatte drei Anwälte, die aus der Clubkasse bezahlt wurden. Daneben waren noch drei Staatsanwälte, fünf Richter, diverse Ersatzschöffen, eine Schreibkraft und mehrere Justizvollzugsbeamte anwesend, die für die Zellführung verantwortlich waren und den Saal absicherten.

Noch bevor der Prozess losging, gab es bereits Tumult auf den Zuschauerrängen. Irgendein Member aus irgendeinem Charter brüllte irgendetwas Unverständliches und wurde des Saals verwiesen. Ich schaute hinüber zu Kadir und sah, wie er mit den anderen Membern eifrig quatschte. Schon jetzt war klar, dass sie alle das Ganze hier nicht ernst nahmen.

***

Schließlich wurde nach etwas Wartezeit die Anklage verlesen. Einer der Anwälte von Kadir Padirs Hells-Angels-Truppe griff sofort ein und bemängelte, es sei nicht sichergestellt, dass die Öffentlichkeit an dem Prozess teilhabe, schließlich sei die Empore nicht besetzt. Das Gericht zog sich zur Beratung zurück, es gab eine erste kurze Pause, und schließlich, nachdem sich alles wieder gesammelt hatte, sagte der vorsitzende Richter, die Teilhabe der Öffentlichkeit sei sehr wohl sichergestellt. Daraufhin stellten Kadirs Anwälte einen Befangenheitsantrag. Es gab wieder eine Pause und dann musste zunächst ein anderes Gericht entscheiden, ob die zuständigen Richter jetzt befangen waren oder nicht. Mit diesem Hin und Her endete der erste Prozesstag gegen 16 Uhr.

Kolle holte mich aus dem Glaskasten ab und führte mich geleitet von vielen Sicherheitskräften durch die Katakomben zurück, von wo aus ich in meine Zelle gebracht wurde.

»Könnte etwas länger dauern, die Verhandlung«, sagte er zum Abschied. Und damit hatte er verdammt noch mal recht.

* * *

Am sechsten Prozesstag, dem 25. November, wurde ich erstmalig als Kronzeuge vorgeladen. Der Richter bat mich, in den Zeugenstand zu gehen. Doch Tzschoppe ergriff das Wort.

»Einen Moment, bitte.«

Auf einmal herrschte Totenstille im Saal. Die Anwälte meiner ehemaligen Brüder horchten auf und selbst Kadir, der in den Prozesstagen mehr und mehr seine Verachtung für die Justiz zum Ausdruck gebracht hatte, hörte auf, sein mitgebrachtes Baklava zu essen.

Tzschoppe räusperte sich.

»Mein Mandant hat sich das noch mal überlegt«, sagte er und ich konnte sehen, wie alle in ihrem Glaskasten die Luft anhielten. Auch die Anwälte wirkten kurz irritiert. Vielleicht wollte der Kronzeuge doch nichts sagen? Der vorsitzende Richter zuckte kurz zusammen und sah mich und meinen Anwalt durch seine randlose Brille an.

»Mein Mandant hat sich überlegt, dass er sich nicht darauf einlassen will, jetzt hier auszusagen. Vielmehr möchte er seine bereits beim LKA getätigten Aussagen verlesen lassen.«

Ein Raunen ging durch den Saal und Protest brach los. Die Anwälte der Hells Angels protestierten, aber das Gericht ließ unseren Antrag zu. Schließlich konnte ich meine Aussage nach Belieben gestalten. Ich hätte sie auch vorsingen oder vortanzen können. Hauptsache, es wurde auf irgendeine Art und Weise in den Prozess eingeführt, was ich zu sagen hatte.

»Also gut«, sage der Richter und blickte meine beiden Anwälte und mich quer durch den Saal an. »Wie wollen wir es denn machen?«

* * *

In den nächsten drei Wochen wurden meine achthundert Seiten verlesen. Meine beiden Anwälte wechselten sich mit der Verlesung ab. Die Verhandlungen gingen sechs bis acht Stunden und waren in erster Linie lange Lesungen vor ausgewähltem Publikum.

Einer meiner Anwälte begann und las: »Ermittler A fragt: Herr Zargaran, beschreiben Sie noch einmal die Fahrt in das Wettbüro Expect am 10. Januar 2014.«

Woraufhin der andere den Dialog weiterführte und vorlas: »Herr Zargaran: Also, das war so. Wir fuhren von unserem Clubhaus ungefähr gegen 23 Uhr los.«

Diese Dialoglesungen waren nicht gerade spannend, aber wir konnten sicher sein, dass jede einzelne meiner Aussagen gewürdigt wurde. Mir und meinen Anwälten war das sehr wichtig und viele andere Anwälte kommentierten dieses Vorgehen in den Fluren des Landgerichts als einen sehr klugen Schachzug.

Schließlich, nachdem alles verlesen war, wurde ich nach einer kurzen Mittagspause in den Zeugenstand gerufen.

Der vorsitzende Richter schaute mich an und richtete das Wort an mich: »Also, dann fangen Sie mal. Es geht um das Geschehen vom 10. Januar 2014. Erzählen Sie bitte, wie Sie den Tag verlebt haben. Vom frühen Morgen bis zur Tat. Und bitte.«

Ich begann mit meiner Zeugenaussage. Teilweise war ich zu hektisch und wurde gebeten, langsamer zu sprechen, aber ich versuchte, alles so klar und deutlich wiederzugeben, wie ich es schon beim LKA getan hatte. Die Aussage war nicht immer leicht, die Anwälte der Gegenseite versuchten immer wieder, mich durch Zwischenrufe aus dem Konzept zu bringen oder mir meine Aussage zu erschweren. Ich dachte an die Worte von Tzschoppe und versuchte mich auf mich selbst zu konzentrieren. Auch die Pöbeleien einzelner Zuschauer, die es immer wieder gab, oder die Provokationen aus dem Glaskasten nebenan versuchte ich zu ignorieren.

* * *

Es war nicht so, dass es eine große Befreiung für mich gewesen wäre, als Kronzeuge in diesem Prozess gegen meine ehemaligen Brüder auszusagen. Jeder Tag, an dem ich aussagte, war unangenehm und schwierig. Schließlich kannte ich die Jungs aus dem Charter sehr gut, hatte viel Zeit mit fast jedem von ihnen verbracht und es waren nicht alle durch die Bank weg skrupellose Führungspersönlichkeiten, wie Kadir Padir es war. Manche von ihnen waren relativ normale junge Typen, die sich diesem Haufen kurzfristig angeschlossen hatten und am Tag der Tat zur falschen Zeit am falschen Ort gewesen waren.

Gleichzeitig hatte ich ab dem Verhandlungstag das befriedigende Gefühl, dass es jetzt endlich losging, was mich tief im Inneren sehr erleichterte.

* * *

Die anderen nahmen den Prozess nicht ernst. Sie hatten nicht verstanden, worum es ging. Während ich mich mit meinen Anwälten vorzubereiten versuchte, spielten sie in ihrem Glaskasten Skat, tauschten DVDs aus oder pöbelten herum. An einem Prozesstag malte Kadir etwas und warf, als er abgeführt wurde, den Zettel in den Mülleimer. Mein Anwalt sah sich den Zettel an. Kadir hatte »Filthy Few« gemalt. Das Zeichen dafür, dass du für den Club getötet hast.

Kadir, der bei den ersten Verhandlungstagen noch ruhig gewesen war, drehte im Laufe des Prozesses immer mehr auf. Die Staatsanwaltschaft musste ihn mehrfach ermahnen und zur Ordnung rufen. Er und die anderen verhielten sich wie spätpubertierende Teenager, die in einem Supermarkt Kaugummis geklaut hatten. Ich hatte gedacht, dass Kadir Padir seine hochgelobte Hells-Angels-Etikette wahren würde. Er war doch so ein kultiger Vertreter der Hells Angels, ein echter Rockerboss. Ich hatte mir vorgestellt, er würde vielleicht eine Art Gangster-Gentleman darstellen, im Stil eines John Gotti oder Ähnliches, aber davon war Kadir weit entfernt – genau wie die anderen.

Für mich wurde das offensichtliche Fehlverhalten meiner ehemaligen Brüder zu einem Vorteil. Denn immer, wenn ich sah, wie sie Kuchen futterten, mit vollem Mund sprachen oder Furzgeräusche machten, war ich froh, dass ich nicht mit ihnen zusammen in dem Glaskasten saß. Je lauter sie während des Prozesses herumbrüllten, je öfter ich von ihnen oder ihren Anwälten während meiner Aussagen unterbrochen wurde, desto ruhiger und konzentrierter wurde ich.

War ich vor der Sache im Expect nur ein stummer Beobachter meiner Brüder gewesen, der sich erst vorsichtig zu distanzieren begann, so hatte ich seit meiner Einlassung als Kronzeuge mittlerweile eine klare Linie zwischen »denen« und mir gezogen. Ich konnte nicht glauben, dass ich mit diesen Typen einmal so viel Zeit verbracht hatte.

Für sie waren die Polizei und das Gericht die wirklich Schuldigen in diesem Verfahren und sie waren die Opfer. Ich kannte die Einstellung, hatte sie jahrelang aktiv mitgetragen und mich selbst ständig über die Exekutive und die Scheißbullen beschwert, die uns drangsalierten und nicht in Ruhe gewähren ließen. Aber jetzt, wo ich zehn pöbelnde Hells Angels dort herumsitzen sah, die es nicht einmal hinbekamen aufzustehen, wenn sie vom Gericht dazu gebeten wurden, war mir klar, dass nicht sie die Opfer eines korrupten Systems waren, sondern die Opferrolle nur einnahmen, weil es sich besser anfühlte. Sich einzugestehen, einen Fehler gemacht zu haben, ist immer schwieriger, als die Schuld auf andere abzuwälzen.

Eine Schuld wollte niemand von ihnen einsehen. Bis zuletzt.

* * *

Es fehlte den anderen einfach an Empathie. Das muss an dieser Stelle einmal gesagt werden. Besonders deutlich wurde das mangelnde Mitgefühl, als an einem Prozesstag der Schwager des getöteten Tahir als Zeuge vernommen wurde. Er saß im Zeugenstand und berichtete von dem letzten Abend, den er mit Tahir erlebt hatte. Jedem im Gerichtssaal war klar, dass der Schwager noch völlig unter Schock stand und trauerte. Sein Gesicht war kreidebleich, seine Haare waren zerzaust, seine Stimme zitterte, als er in gebrochenem Deutsch seine Aussage machte. Es war nicht leicht, seinen Worten zu folgen und er bot einen traurigen Anblick. Der Schmerz über den Verlust des geliebten Menschen war ihm deutlich anzusehen. Er erzählte, wie er mit Tahir am Vorabend der Tat gekocht hatte. »Eier mit Sucuk«, sagte er und stockte. »Das hat Tahir gern gemocht.«

Kadir und die anderen lachten in ihrem Glaskasten. Ich weiß nicht mehr genau, was sie sagten, aber sie kommentierten die Aussage des zitternden, trauernden Schwagers boshaft und höhnisch und imitierten seinen Akzent. Der vorsitzende Richter mahnte sie zur Ruhe und ich schüttelte mich. Das durfte doch nicht wahr sein. Es war offensichtlich, dass hier gerade jemand den Tod eines Familienmitglieds verarbeitet, und sie, diejenigen, die dafür verantwortlich waren, äfften den Mann nach. Das war nur respektlos.

»Ohne Worte«, kommentierte einer meiner Anwälte am Ende dieses Prozesstags das Schauspiel und auch Kolle gab mir zu verstehen, dass er in seiner langen Dienstzeit so etwas noch nicht gesehen hatte. Zurück in meiner Zelle dachte ich länger über die Situation nach.

So schrecklich das alles auch war, irgendwie halfen mir diese Begegnungen, den zermürbenden Prozess durchzustehen. So, wie die waren, wollte ich nicht sein. Da war ich in deren Augen liebend gern ein dreckiger Verräter – besser, als menschlich so zu verwahrlosen.

Mich beschlich ein Gefühl, das ich im Zusammenhang mit den Hells Angels so noch nicht kannte: Fremdscham. Immer wenn einer von ihnen sprach und erklärte, dass die Polizei an allem schuld sei, immer wenn in der Glasbox wieder gegrölt wurde, dachte ich mir: Irre, mit diesen Menschen hast du so viele Jahre herumgehangen. Du hast sogar dein Kind und deine Familie zu denen gebracht. Es war, als würden in einem letzten Finale meines innerlichen Wandlungsprozesses dieser Gerichtssaal und die Verhandlung mir noch einmal zeigen, was richtig und was falsch war.

# Freundliche Richter und fiese V-Männer

Nach jedem Tag vor Gericht, wenn Kolle mich aus dem Glaskasten holte, lief ich völlig erledigt in meine Zelle, legte meinen mitgebrachten Ordner ab und schlief auf der Pritsche sofort ein. So vergingen die ersten Jahre meines Prozesses als Kronzeuge im Hauptverfahren.

Allerdings sagte ich nicht nur zum Vorfall im Expect aus. Jetzt, wo die Staatsanwaltschaft mich als Kronzeuge gewonnen hatte, wollten sie natürlich noch mehr von mir wissen.

Wie bereits an anderer Stelle beschrieben, könnte ich an dieser Stelle jetzt auspacken und sehr detailreich und explizit über die begangenen Verbrechen einzelner Member sprechen. Über Verbrechen, zu denen mich das Gericht außerhalb der Sache im Wettbüro über Monate lang befragte. Aber für meine Aussage in einem dieser anderen Verfahren gab es schlicht zu wenig Beweise, sodass einige meiner ehemaligen Brüder vor Gericht freigesprochen wurden, obwohl die Sachlage meiner Meinung nach ziemlich eindeutig war. Das schlug innerhalb des Landgerichts hohe Wellen. Die beteiligten Richter würdigten sich in den Fluren des Gerichts keines Blickes mehr.

Auch mein Anwalt Tzschoppe erlebte bizarre Situationen, die ich im Einzelfall hier aber auch nicht wiedergeben kann. Es findet sich im Netz sicherlich der ein oder andere Presseartikel über diesen Prozess im Prozess, aber da ich mich nicht selbst belasten will, kann und werde ich mich an dieser Stelle zurückhalten.

Alles was ich sagen kann, ist, dass es in den Fluren des Gerichts laut wurde, und der Prozess geriet regelrecht zur Farce. Und während es um den Gerichtssaal herum laut wurde, schwiegen die Angeklagten.

* * *

Als im Hauptprozess meine Befragung durch die zuständigen Richter endete, war das ganze Verfahren noch immer nicht abgeschlossen. Zunächst stellte die Staatsanwaltschaft weitere Fragen und schließlich auch die Verteidigung von Kadir und den anderen. Das war nicht ganz einfach für mich, denn die Anwälte der Hells Angels versuchten mich immer wieder herauszufordern. Es war zu keinem Zeitpunkt beleidigend, aber während meiner Aussagen wurde ich öfter schnippisch unterbrochen. Mal hieß es: »Antworten Sie auf die Frage!«, und als ich mich zur Wehr setzte, hieß es: »Wie reden Sie mit mir?«

Der vorsitzende Richter musste einschreiten, und einer meiner Anwälte forderte eine Pause ein. Wir verständigten uns darauf, dass ich Fragen nur noch per Katalog beantworten würde. Die Anwaltschaft von Kadir und Co. sollten ihre Fragen einreichen.

»Nimmt dir einfach den Druck raus«, sagte Tzschoppe in der Verhandlungspause zu mir. Und er hatte wieder einmal recht. Ich hatte einfach keine Lust auf das Theater und wollte mich nicht vorführen lassen. Denn es war klar, dass die Anwälte immer wieder versuchen würden, mich mit irgendetwas zu triggern und aus der Reserve zu locken.

Nach der Pause erhob mein Anwalt das Wort und sagte: »Herr Zargaran ist gewillt, alle an ihn gestellten Fragen zuzulassen und zu beantworten. Es sei denn, es sind Fragen, die zu sehr in das Persönlichkeitsrecht eingreifen. Um den Belastungsdruck zu mindern, bitten wir aber die Kollegen, Fragebögen einzureichen.«

Außerdem ergänzte mein Anwalt, dass ich bereit sei, auch Nachfragen zu beantworten, allerdings nur jene, die vom Gericht gestellt wurden. Natürlich brach etwas Tumult auf der Verteidigerbank aus, aber der vorsitzende Richter erkannte den Beschluss an und ich beantwortete alle Fragen nur noch per Katalog, was ein wenig Entspannung in den Prozess brachte.

* * *

Als ich an einem Tag dem Gericht zugeführt wurde, sah ich, wie zwei Zivilpolizisten den Zugang zum Gericht absperrten. Das war so weit nicht ungewöhnlich, schließlich war der Prozess noch in vollem Gange. Allerdings kannte ich die beiden Polizisten aus meiner Zeit bei den Hells Angels. Während des Expect-Verfahrens sagte ich gegen einen von ihnen aus, weil ich mir sicher war, dass er ein Maulwurf war. Der Typ wurde von uns Hells Angels Frankie genannt. Er war jemand, der manchmal bei uns im Sahara auftauchte und uns zumindest einmal vor einem bevorstehenden Großeinsatz und einer Razzia seitens des Rockerdezernats und LKA warnte. Ich erfuhr über meinen Anwalt, dass durch meine Aussagen ein internes Ermittlungsverfahren gegen ihn angestrebt wurde. Und jetzt war er hier im Einsatz und sperrte den Zugang zum Gericht ab? Das durfte doch nicht wahr sein! Ich sprach einen der Personenschützer darauf an, die mich zum Gericht eskortierten, und fragte frei heraus, wie es denn sein konnte, dass dieser LKA-Mitarbeiter so nah an dem Prozess dran war, wenn ich doch gegen ihn aussagte?

Frankie wurde daraufhin tatsächlich vernommen und bestätigte, dass er wusste, dass ich ihn belastet hätte. Woher er das wisse? Einer der Personenschützer habe ihm das erzählt, sagte er freimütig. Einer derjenigen, die den Perser zum Gericht geführt hätten.

Als mein Anwalt davon erfuhr, drehte er durch und setzte sich mit den leitenden Beamten des Personenschutzes auseinander. Er schrieb eine Dienstaufsichtsbeschwerde, was zur Folge hatte, dass Frankie versetzt wurde. Das LKA veröffentlichte eine Stellungnahme, in der sie die Position von Frankie allerdings runterspielten. So oder so, bezüglich der vom LKA beauftragten V-Männer schien mir einiges schiefzulaufen.

* * *

Über die Jahre, in denen ich aussagte, veränderte sich meine Einstellung zum Gericht und auch mein Verhältnis zu den Staatsanwälten und Richtern. Es war irgendwann so weit, dass wir uns auf dem Gang kurz grüßten.

Irgendwie begegnete man sich auf Augenhöhe, auch wenn wir uns wenige Stunden zuvor oder danach im Gerichtssaal aneinander rieben. Aber das waren eben zwei verschiedene Dinge. Zum einen der menschliche Umgang und zum anderen der Umgang in einem Strafverfahren, in dem es um eine Verurteilung wegen Mordes ging. Ich erinnere mich noch sehr gut an eine Situation, als ich bereits ungefähr drei oder vier Jahre ausgesagt hatte. Der vorsitzende Richter sagte vor der offiziellen Eröffnung des Prozesstages: »Ach, Mensch, Herr Zargaran Sie haben heute Geburtstag, oder?« Ich nickte ihm zu, er lächelte kurz und sagte: »Gut, dann wollen wir mal anfangen.«

Das fand ich nett. Ich hatte das Gefühl, dieser Typ nahm mich als Mensch wahr, als jemand, der mit seiner Vergangenheit aufräumen wollte. Groß und überschwänglich gratulieren konnte er mir ja nicht, dann wäre er befangen gewesen, aber diese kleine Feststellung, ohne Wertung, das freute mich doch sehr.

# Falsche Zeugen und Telefonmitschnitte

Schließlich war es so weit, dass ich über den inneren Kreis aussagte. Ich ließ, wie es eben meine Art war, nichts aus und beschrieb meine erste Sitzung als Member und wie Kadir das Charter führte. Während ich aussagte, kam es immer wieder zu Tumulten, mal rief Kadir selbst etwas in den Saal, mal einer der anderen. Ich ließ mich nicht beirren und erzählte dem Richter, was ich wusste. Ausführlich erzählte ich, wie zwar im Charter suggeriert wurde, dass es ein großes Zusammengehörigkeitsgefühl gäbe, aber sich niemand an die eigenen Werte hielt. Ich erzählte, wie ich in den Monaten vor der Tat mehr und mehr an der Struktur gezweifelt hatte – eben auch durch die Sachen, die geschehen waren. All das wurde lautstark kommentiert und der Richter musste immer wieder für Ruhe sorgen. Aber das war für mich in Ordnung, denn ich spürte, dass die Jungs sich nicht mehr richtig unter Kontrolle hatten und Kadir seinen Einfluss auf die Truppe verlor.

* * *

Da passte es ganz gut, dass im Laufe der Zeit dem Club das Geld für die Anwälte ausging. Über Tzschoppe bekam ich mit, dass zwei Member gewillt waren, bald auszusteigen. Der Prozess war im vierten Jahr angekommen und die Stimmung im Hells-Angels-Lager kippte, nicht nur wegen der Geldprobleme und den damit verbundenen Unsicherheiten, sondern auch weil herauskam, dass Kadir einem psychiatrischen Gutachten zugestimmt hatte. Um die Frage der Schuld zu erforschen, greift das Gericht in Straftaten oft auf psychiatrische Sachverständige zurück, die Gutachten zur Schuldfähigkeit eines Angeklagten erstellen. Dass Kadir einem solchen Gutachten zugestimmt hatte, klingt zunächst vielleicht nicht sonderlich spektakulär – warum sollte man sich nicht psychologisch untersuchen lassen, wenn das für eine Strafminderung sorgt. Nur war es eben so, dass Kadir Padir nicht ein einfacher Angeklagter war, sondern ein mächtiger Rockerboss. Kein echter Höllenengel kooperierte mit dem Staat und ließ ein psychologisches Gutachten zu seiner Person erstellen. Vor allem nicht ein Charter-Präsident. Aber Kadir? Er schien sich darüber hinwegsetzen zu wollen. Als das herauskam, brodelte es in den Reihen der anderen.

***

Zu dieser Zeit wurden im Prozess verstärkt überwachte und ausgewertete Telefonmitschnitte abgespielt. Das waren zum einen clubinterne Gespräche, die vor langer Zeit geführt worden waren, als auch relativ aktuelle Telefonate, die das LKA mitgeschnitten hatte und die jetzt die Angeklagten belasten sollten. Teile dieser Mitschnitte offenbarten, wie Kadir wirklich über sich und sein Charter dachte. In einem abgespielten Telefonat sagte er zu einem Member, dass ihm die Jungs aus dem Charter im Grunde genommen egal seien. Dann zählte er die Namen der Jungs aus dem Inner Circle auf, die ihm wichtig waren. Seine Abschlussworte, die er an den Member gerichtet hatte und die jetzt blechern durch den Saal 500 klangen, waren eindeutig. Die Member, die er nicht aufgezählt hatte, bedeuteten ihm nichts.

Ich blickte hinüber zu den zehn Jungs in ihrem Glaskasten. Ihre Mienen hatten sich versteinert. Kadir schaute desinteressiert weg. Von den Jungs, die Kadir aufgezählt hatte und die ihm offensichtlich wichtig waren, saß nur ein Einziger mit ihm hinter der Glaswand. Die anderen waren nicht hier, gegen sie war entweder kein Haftbefehl erlassen worden, oder sie befanden sich auf der Flucht. In jedem Fall waren sie weit davon entfernt, sich für ihre Brüder »geradezumachen«, was in der Vergangenheit ja immer so wichtig gewesen war. Ich schaute mir meine ehemaligen Brüder genau an. Was ging jetzt in ihren Köpfen vor? Was dachten sie, nachdem sie Kadirs Stimme gehört hatten? Glaubten sie immer noch, dass er sich für sie interessierte?

Ich war mir sicher: Wer von den Jungs jetzt nicht aufwachte, dem war nicht mehr zu helfen. Ich für meinen Teil war froh, meine Entscheidung längst getroffen zu haben.

Einige Tage später wurde ein anderes abgehörtes Telefonat abgespielt. Ich wusste sofort, in welcher Situation es entstanden war. Unmittelbar nach der Frankfurt-

Fahrt, als es zum Streit zwischen mir und Kadir gekommen war und ich entschieden hatte, dem Club den Rücken zu kehren.

Wieder dröhnte Kadirs Stimme durch den Gerichtssaal. Die Stimme am anderen Ende der Leitung war die eines Members, den ich gut kannte. »Perser, verdammt«, brüllte Kadir. »Das mit der Fahrt war die Höhe. Was denkt er, wer er ist? Ich kann den mittlerweile nicht mehr sehen. Wir müssen was gegen den machen.«

Der Member antwortete, zwar etwas ruhiger, aber nicht weniger aggressiv: »Ich weiß, was du meinst, Kadir. Aber das Problem ist: Die anderen Jungs im Club, die lieben den. Die respektieren den. Wir können den nicht einfach rauskicken.«

»Was können wir nicht? Haben die Jungs vergessen, wer ich bin? Wer den Club hier leitet? Wenn ich will, dass der rausfliegt, fliegt der raus! «

»Ja, mal sehen«, sagte der Member. »Das wird sich klären.«

Und schließlich ging es in einem der letzten Telefonate um Tahir. Das Gespräch war vor der Aktion im Traffic aufgezeichnet worden. Wieder hörte man Kadir mit dem Member telefonieren. Er war sehr laut und brüllte. Kadir fragte: »Ist der Junge manisch, wie oft hat er Prügel von uns bekommen!?«

Auch infolge dieses Telefonats wurde klar, dass das LKA gewusst hatte: Tahir musste um sein Leben fürchten. Auch unabhängige Prozessbeobachter urteilten, dass die Polizei versagt hatte und die Ermittler zumindest eine weitere Gefährderansprache an Kadir Padir hätten richten müssen, um Tahir zu schützen. Über das Versagen des LKA wurde schließlich ein eigenes Verfahren eröffnet.

* * *

Es wurde immer wieder versucht, sowohl von innen als auch von außen Einfluss auf den Prozess zu nehmen. Beispielsweise war einer der V-Männer im Zeugenstand. Ein junger Typ, der vor der Festnahme im Sahara herumhing und mir nie geheuer gewesen war. Jemand, der zwischen den Bandidos und Hells-Angels-Lagern hin- und herpendelte und nun auch noch ein V-Mann für die Polizei gewesen war. Bis heute weiß ich nicht, auf wessen Seite dieser Typ eigentlich stand, aber er traf sich unweit des Gerichts mit Kadirs Freundin Yasemin und Kadirs Anwalt und gab beiden Informationen, um Zeugen zu belasten oder unglaubwürdig zu machen. Mein Anwalt beobachtete die Szene, machte wie schon im Soda-Fall Fotos davon und gab sie dem vorsitzenden Richter. Yasemin, die als Zeugin geladen war, wurde zwar vernommen, aber ihre Aussage wurde als unglaubwürdig eingestuft.

Schließlich schrieb ich der Mutter von Tahir Özbek. Ich schrieb ihr, dass es mir leidtue für ihren Sohn. Dass ich ihn kaum gekannt hatte und nicht gewusst hatte, dass er sterben sollte. Mir war es wichtig, das der Mutter mitzuteilen. Ich habe nie mit ihr gesprochen, aber letztendlich trug auch sie dazu bei, dass ich die Hells-Angels-Scheiße für immer hinter mir lassen wollte.

# Wann endet der Albtraum?

Nach Jahren des Prozesses bekam ich im Oktober 2018 mitgeteilt, dass die Beweisaufnahme geschlossen werden sollte. Gemeinsam mit meinem Anwalt überlegten wir, ob wir noch Beweisanträge stellen wollten, beließen es aber dabei.

Zu diesem Zeitpunkt hatte ich das Gefühl, ich sei in einer Endlosschleife gefangen. Seit dem 10. Januar 2014 lebte ich in einem Daueralbtraum. Seit mehr als vier Jahren war ich in Haft. Hatte sich mein Leben vorher um die Hells Angels gedreht, drehte es sich jetzt um einen Gerichtsprozess, der den Eindruck machte, er werde niemals enden. Und jetzt tat er es vielleicht doch irgendwann. Zumindest in der Theorie.

Nach dem Gespräch mit meinem Anwalt lag ich auf meiner kleinen Pritsche in meiner Zelle. Ich schloss die Augen und versuchte zu rekapitulieren, was seit der Tat im Expect alles passiert war. Meine Festnahme. Der Knast in Moabit. Meine Aussage. Der Anwaltswechsel. Wie ich Kronzeuge geworden war. Die Verlegung ins LKA. Weitere Aussagen. Noch mehr Aussagen. Prozessbeginn. Zeugenstand. Aussagen. Andere Prozesse. Aussagen. Zwischendurch ein wenig schlafen, morgens abgeholt werden, wieder aussagen.

Mittlerweile lagen der Club und mein ehemaliges Leben so weit hinter mir, dass ich zwar wusste, diese Vergangenheit, über die ich seit Jahren aussagte, war ein großer Teil meines Lebens. Aber es fiel mir schwer zu verstehen, wie es so weit hatte kommen können. Ich konnte zu diesem Zeitpunkt mit dem Kapitel noch nicht komplett abschließen. Die Typen aus meiner Vergangenheit, die zehn Angeklagten in ihrer Panzerglasbox, sah ich beinahe täglich und die tägliche Konfrontation in den Vernehmungen warf mich immer wieder zurück. Es war, als hätte ich eine Flatrate für diesen Albtraum gebucht. Einen unkündbaren Vertrag. Es war eine Never-ending-Story. Aber jetzt? Mit der Mitteilung, dass die Beweisaufnahme geschlossen werden sollte, flammte in mir erstmalig die Hoffnung auf, dass es vielleicht wirklich enden würde.

* * *

Aber es kam zunächst, wie es kommen musste. Das Gericht verlängerte die Beweisaufnahme um ein halbes Jahr. Und dann noch einmal um ein halbes Jahr. Und dann noch mal um drei Monate. Die Beweisaufnahme wurde schließlich im Oktober 2019 geschlossen und die Abschlussplädoyers wurden gehalten. Nachdem die Plädoyers verlesen worden waren, ging ich an dem Glaskasten von Kadir vorbei. Er schaute mich an, ich blickte zurück. Wir hatten uns in den letzten Jahren fast täglich gesehen, selten direkt miteinander gesprochen, und ich war froh, dass er bald nicht mehr Teil meines Lebens sein würde. Als ich an ihm vorbeiging, klopfte er an seinen Kasten und sagte etwas, das er mir schon im Auto gesagt hatte. Damals während der Fahrt nach Frankfurt: »Du bist und bleibst ein Nichts. Ein Flop!«

Na, wenn er meinte, dann war das wohl so.

* * *

Nachdem die Beweisführung geschlossen worden war, gab es eine weitere Pause von drei Wochen, in denen das Urteil geschrieben wurde. In diesen drei Wochen versuchte ich abzuschalten, was mir schwerfiel. Ich hatte mich über die fünf Jahre so sehr daran gewöhnt, Tag für Tag ins Gericht zu gehen und auszusagen – und jetzt sollte ich tatenlos warten.

In diesen Wochen pendelte meine Gemütslage. Mal war ich aufgeregt wegen der Dinge, die jetzt anstanden, dann war ich erleichtert, weil ich wusste, dass es – auf die eine oder andere Weise – zu einem Ende kommen würde.

Ich wollte lieber ein Ende mit Schrecken als ein Schrecken ohne Ende. Ich versuchte, Sport zu machen, mittlerweile durfte ich gelegentlich in einen kleinen Raum gehen, in dem einige Hanteln herumlagen. Fast wie damals beim Boxtraining mit Yasin in Norderstedt. Ich musste lächeln, als ich daran dachte. Das alles schien mir so verdammt lang her zu sein. Und vor allem so weit weg von meinem jetzigen Leben. Ebenso wie die Clubzeit. Ich war ein anderer Mensch geworden und wollte einfach nur meinen Frieden machen.

* * *

Während der Zeit im Gefängnis hatte ich mich natürlich mit meinem Anwalt über das zu erwartende Strafmaß ausgetauscht. Er sprach regelmäßig mit der Staatsanwaltschaft und dem Gericht, die meine umfassenden Aussagen gern aufnahmen und davon profitierten. Trotz alledem war mir bewusst, dass ich unter zehn Jahren Gefängnis nicht rauskommen würde. Ich hatte mich in den letzten Jahren so intensiv wie ein angehender Jurastudent mit dem Strafgesetzbuch auseinandergesetzt. Die zehn Jahre Mindeststrafe resultierten daraus, dass ein Mord verhandelt wurde. Da ging es nicht unter zehn Jahren. Trotzdem schöpften wir Hoffnung und wir rechneten gemeinsam durch: Würde ich zehn Jahre Haft bekommen, könnte ich am Tag der Urteilsverkündung den Saal als freier Mann verlassen. Das Ziel im Vollzug ist immer, dass man mit zwei Dritteln der Haftzeit gehen kann. Schließlich soll man resozialisiert werden. Die Staatsanwaltschaft, so beschrieb es mir mein Anwalt, schrieb diesen Termin auch immer mit rein. Würde ich einen Antrag auf vorzeitige Entlassung stellen und würde dieser durchkommen, könnte ich also - sofern das Urteil sich auf zehn Jahre belief - sofort gehen. Ein Gedanke, der mir ziemlich gut gefiel.

* * *

Am Vorabend der Urteilsverkündung war ich sehr aufgeregt und ich durfte noch einmal kurz mit meinem Anwalt sprechen. In den Tagen zuvor hatten wir die Abläufe besprochen. Ich hörte an seiner Stimme, dass auch er aufgeregt war, schließlich ging dieser Mammutprozess jetzt tatsächlich zu Ende. Ich glaube, wir alle wollten einen Schluss.

Am Morgen wurde ich zum letzten Mal abgeholt, packte eine kleine Tasche, nahm meinen Leitz-Ordner mit und wurde von dem geheimen Ort zum Gerichtssaal gebracht und von Kolle zugeführt. Er hatte sich extra für heute einteilen lassen, weil er wusste, dass es ein großer Tag für mich war, und ich freute mich ehrlich darauf, ihn zu sehen und ihn dabeizuhaben. Zwischen dieser ganzen Anspannung war er ein kleiner Ruhepol. Jemand, den ich kannte und dem ich vertraute.

Es war der 300. Verhandlungstag, Dienstag, der 1. Oktober 2019. Von außen betrachtet war der Tag ähnlich wie die vielen anderen, an denen ich hergekommen war, um meine Aussagen zu machen. Mit dem Unterschied, dass die anderen Angeklagten sich weigerten, in den Saal geführt zu werden, solange noch Presse da war. Und Presse war an diesem Tag eine Menge da. Dass die anderen ihre Show machten, wunderte mich nicht. Sie unterhielten sich lautstark und nannten den vorsitzenden Richter in den letzten Stunden im Gerichtssaal noch einmal einen Bastard. Aber das war eben so und passte ganz gut zu dem Bild, das ich in den letzten Jahren von meinen ehemaligen Brüdern bekommen hatte. Es hätte mich gewundert, wenn an diesem Tag alles glattgelaufen wäre. Bis zuletzt nahmen die Hells Angels das Verfahren nicht ernst.

Nachdem die Anwälte ihre Plädoyers gehalten hatten, wandte sich der vorsitzende Richter an Kadir und sprach ihn direkt an: »Herr Padir, wollen Sie noch etwas erklären?«

Kadir schüttelte den Kopf und sagte: »Nein.«

Auch die anderen Angeklagten verneinten.

»Ich hätte der Staatsanwaltschaft eigentlich vieles zu sagen«, sagte Yakub. Nur um dann zu ergänzen: »Aber ich verkneife es mir.«

Dann wurde ich gefragt, ob ich noch etwas sagen wollte.

»Ich möchte mein letztes Wort an die Familie Özbek richten«, sagte ich und schaute den Richter an. Ich spürte, wie meine Stimme zitterte, als ich sprach: »Die ganze Geschichte tut mir unfassbar leid. Nichts davon hätte passieren dürfen. Ich wünsche der Familie, dass sie auf irgendeine Art und Weise wieder Fuß fassen kann.« Stille im Raum. Dann sprach ich meine letzten Worte: »Es tut mir leid.«

Und das tut es. Bis heute.

# Das Urteil

Dann wurde das Urteil verkündet. Wir wurden gebeten, uns zu erheben. Ich stand von meinem Stuhl auf und spürte, wie ich am ganzen Körper bebte.

»Im Namen des Volkes ergeht folgendes Urteil ...«

Ich hielt die Luft an und hielt mich an dem Holztisch vor mir fest. Jetzt passierte es wirklich. Jetzt war es gleich vorbei. Auf irgendeine Art und Weise ging es vorbei. Ich spannte meine Muskeln an, ging mit meinem Oberkörper wie in Trance etwas nach vorn und sah dem vorsitzenden Richter direkt ins Gesicht. Das hatte ich über die letzten Tage, Wochen, Monate und Jahre immer wieder getan. Den Blickkontakt suchen. Mich aktiv mit dem auseinandersetzen, was passierte. Ich hatte nicht vor, jetzt damit aufzuhören.

»... werden die Angeklagten Kadir P., Recep O., Marko P., Rami El-S., Steve S., Selim B., Cenkay T. und Marcel K. des gemeinschaftlichen Mordes an Tahir Ö. zu einer lebenslangen Freiheitsstrafe verurteilt.«*

* Das waren also die Jungs, die jetzt wirklich in den Knast kamen. Einige meiner ehemaligen Brüder wurden allerdings auch aus den verschiedensten Gründen freigesprochen. Und wieder andere wie Ersoy entzogen sich ganz dem deutschen Rechtsstaat. Bis heute befindet sich Ersoy auf der Flucht. Mein ehemaliger Bruder Serdar wurde wegen Beteiligung an der Tat in einem abgetrennten Verfahren schuldig gesprochen.

Sie bekamen tatsächlich lebenslänglich. Ich atmete tief aus. Dann wurde unser Member Yakub freigesprochen. Eine Beteiligung am Mord konnte ihm nicht nachgewiesen werden, wegen eines Verstoßes gegen das Waffengesetz wurde er allerdings zu einer Freiheitsstrafe von einem Jahr und zehn Monaten verurteilt.

Dann war ich an der Reihe. Ich wurde verurteilt, bekam aber aufgrund der Kronzeugenregelung des § 46b Strafgesetzbuch zwölf Jahre Haft.

Ich zitterte. Schließlich verlas der Richter, dass uns allen die Strafe um zwei Jahre reduziert werde, da es ermittlungstechnische Probleme während des Verfahrens gegeben hatte. Ich setzte mich. Ich war verwirrt. Also hatte ich effektiv zehn Jahre bekommen. Im Kopf rechnete ich nach, denn da ich bereits zwei Drittel meiner Strafe abgesessen hatte, konnte ich einen Antrag auf vorzeitige Entlassung stellen. Dann wäre ich raus. Ich schaute zu meinem Anwalt, der – ebenso wie die Staatsanwaltschaft – nicht gerade glücklich wirkte. Aber ich war glücklich. Es gab keinen Grund, mir keine frühzeitige Entlassung zu geben, denn in meiner Haftakte stand, so viel ich wusste, dass ich ein Vorzeigegefangener war.

»Was ist denn das?« Recep stand auf, brüllte und schlug mit voller Wucht und beiden Händen gegen das Panzerglas. Damit hatte er nicht gerechnet. Kadir tat unbeeindruckt, als würde ihn das alles nichts angehen.

Nach der Verkündung erfolgte die Verlesung des Urteils, inklusive Urteilsbegründung.

Tahir Özbek nannte der Richter einen Kriminellen und Intensivtäter. Wie Kadir Padir sei auch Özbek ein

»dissoziales Alphatier« gewesen. »Ein Leben-und-leben-Lassen der beiden im selben Kiez war auf Dauer nicht vorstellbar«, resümierte er. Eine traurige Wahrheit.

Recep nannte der Richter einen »klassischen Klassenclown, der um Anerkennung und Aufmerksamkeit buhlte«. Seine Geschichte, er habe aus Notwehr gehandelt, glaubte ihm keiner der Vorsitzenden. Nachdem der Richter sagte, es sei bei der Tat nicht um Einschüchterung gegangen, sondern das Ganze sei ein mörderisches Überfallkommando gewesen, heimtückisch und aus niedrigen Beweggründen, unterbrach ihn Kadir mit den Worten: »Schäm dich!«

Schließlich wandte sich der Richter an mich und erklärte mir, dass ich eigentlich auch lebenslänglich bekommen hätte. Allerdings hatte ich aufgrund meines Ausstiegs, meiner wahrheitsgemäßen Aussagen und meiner Kooperation in vielen anderen Fällen das mildere Strafmaß bekommen. Ich sah den Richter an und nickte. Ich war dankbar, dass ich mich zu diesem Schritt entschieden hatte. Vielleicht war ich jetzt in den Augen von denjenigen, die auf der Anklagebank saßen, ein Verräter. Aber das war mir völlig egal, denn ich wusste, allerspätestens bei der Urteilsverlesung, dass ich alles richtiggemacht hatte. Für mich, mein Kind und meine Zukunft. Scheiß auf die Hells Angels.

* * *

Ganz am Ende bekam auch das LKA noch deutliche Worte zu hören. Das Gericht sehe klare Hinweise auf massives Polizeiversagen, so erklärte es der Richter.

Das Ganze wurde noch weiter ausgeführt: Nach Überzeugung der Kammer hatte das LKA gewusst, dass Tahir in Lebensgefahr schwebte, und nichts zu seinem Schutz unternommen.

Der Richter formulierte es so: »Kräfte des LKA unterließen zwingende Maßnahmen, die die Tat hätten verhindern können.« Und weiter: »Der Staat konnte die Tat voraussehen und trägt Verantwortung für sie.«

Und dann? Dann war es vorbei. Einfach so. Von jetzt auf gleich. Kolle gab mir die Hand zum Abschied. »Mach's gut, Kassra«, sagte er und ich wünschte ihm ebenfalls für die Zukunft alles Gute. Zurück in meiner Zelle war ich zu müde, um einen klaren Gedanken zu fassen. Alles fiel mit einem Mal von mir ab. Ich legte mich auf meine Pritsche und schlief 13 Stunden durch. Ich hatte es hinter mich gebracht.

* * *

Die nächsten zwei Tage versuchte ich alles sacken zu lassen. Mein Anwalt besuchte mich und wir besprachen die nächsten Schritte. Ich hatte zunächst keine Termine mehr, aber es ging jetzt darum, ob das Urteil seitens der Staatsanwaltschaft angenommen würde – vor allem aufgrund der zwei Jahre Strafminderung für alle Verurteilten.

Die Oberstaatsanwaltschaft plädierte dafür, dass ich separiert würde, ich also als Einziger die vollen zwei Jahre abgezogen bekommen würde und die anderen Angeklagten nur ein paar Monate. Diese Gespräche zogen sich noch einmal über mehrere Monate hin. Das konnte doch nicht wahr sein. Jetzt war ich schon so weit – und dann das? Schließlich ging es darum, ob ich noch weitere zwei Jahre in Haft bleiben müsste oder einen Antrag auf Strafminderung stellen konnte.

Tzschoppe meldete sich wenige Wochen nach der Urteilsverkündung bei mir. »Herzlichen Glückwunsch«, sagte er durchs Telefon. »Du bist rechtskräftig verurteilt und kannst jetzt einen Antrag auf vorzeitige Entlassung stellen.«

Ich hatte mich seit Jahren nicht mehr so glücklich gefühlt wie in diesem Augenblick. Ich bin mir sicher, dass es zu diesem Zeitpunkt niemanden auf der Welt gab, der sich so darüber gefreut hatte, rechtskräftig verurteilt zu sein. Sofort stellte ich mit Tzschoppes Hilfe einen Antrag auf vorzeitige Entlassung, den ich einem Vollstreckungsbeamten vorlegte. Es gab einen weiteren Termin im Landgericht und ich musste vor zwei Richtern erscheinen, die den Antrag mit mir durchgingen. Ich war an diesem Tag zwar aufgeregt, aber guter Dinge. Meine Strafakte sprach für mich. Ich bedankte mich am Ende und die vorsitzende Richterin sah mich an und sagte: »Bedanken Sie sich lieber nicht zu früh. Noch ist Ihr Beschluss nicht raus. Feiern Sie besser keine Party in der Haftanstalt.«

Ich musste lachen und antwortete: »Ja, gut, mit wem denn auch?«

Wenige Tage später kam der Beschluss durch. Und sechs Wochen später war ich ein freier Mann. Ich durfte gehen.

* * *

Am Tag meiner Entlassung kam ich mir wie neugeboren vor. Es war Oktober 2019 und ich war wirklich frei. Ich hatte nichts mehr mit meinen ehemaligen Brüdern zu tun.

Nach meiner Entlassung fuhr ich so schnell es ging in die Kanzlei meines Anwalts und ging mit ihm essen. Ich war dankbar, dass er in all den Jahren für mich da gewesen war.

Die ersten zwei Wochen nach meiner Entlassung checkte ich in einem Hotel am Ku'damm ein und machte erst mal gar nichts. Außer einer Sache: Ich schloss eine McFit-Mitgliedschaft ab und konnte endlich mal wieder richtig trainieren. Jeder neue Tag bot unzählige neue Möglichkeiten. Ich wachte frühmorgens auf und dachte mir: Okay, was will ich heute erleben? Ich buchte mir Massagen, ging Klamotten einkaufen oder trank einfach mal ganz entspannt einen Kaffee. Es waren einfache, kleine Dinge, die ich jetzt erlebte, und ich fühlte mich pudelwohl. Als hätte ich eine zweite Chance bekommen. Die Sonne schien in Berlin und ich fühlte mich wie ein König.

Aber nicht so wie früher, wo ich mit einem guten Dutzend Jungs irgendwo aufgetaucht war und für Stress gesorgt hatte. Die Ecken von damals mied ich. Das waren Relikte meiner Vergangenheit, mit denen ich nichts mehr zu tun haben wollte. Diese Zeit lag jetzt hinter mir.

Ich machte lange Spaziergänge an der Spree, blickte aufs Wasser und war einfach glücklich darüber, wie es gelaufen war. Ich organisierte mir ein neues Handy und rief meine Eltern an. Ich versprach, sie bald zu besuchen, und kaufte mir ein Zugticket.

Etwas, das ich früher nie gemacht hätte.

# Family first

September 2020, irgendwo in Deutschland. Ich bin bei meinen Eltern zu Besuch und sitze im Garten auf einer Bank. Jetzt ist alles friedlich. Ich denke an die Vergangenheit. An Kiel. An die erste Begegnung mit Marvin. An den Club. An die ganze Scheiße, die passiert ist. An den Knast. Den langen Prozess. Und dann denke ich an Melanie.

Ich greife in meine Jackentasche und hole einen Brief hervor, den mein Anwalt mir bei unserem Treffen in Berlin überreicht hat. Ich habe ihn noch nicht gelesen und denke über unsere vergangene Beziehung nach, bevor ich ihn öffne. Ich habe Melanie viel zu verdanken. Sie war diejenige, die mir den Anwalt besorgt hat, der nicht für den Club, sondern für mich arbeitete. Der Anwalt, der mich darin bestärkt hat, als Kronzeuge aufzutreten.

Aber auch davor ist sie mir immer eine Stütze gewesen, wenn die Zeiten hart waren, weil ich nicht an unserer Beziehung, sondern lieber an meinem Standing im Club arbeitete. Melanie war einfach ein Mensch, dem ich in der Vergangenheit immer bedingungslos vertrauen konnte und der mich so genommen hat, wie ich war. Mit all meinen Schwächen und Stärken. Ich öffne den Brief und lese. Sie schreibt, dass sie mich vermisst.

Ich lege den Brief beiseite und schaue in die Ferne. Ich vermisse sie auch.

Die letzten Jahre waren voller Gerichtsprozesse, Pressemitteilungen, vermummter LKA-Beamter und noch vielem mehr. Eine unschöne, eine stressige Zeit. Keine Zeit, die das Leben besonders lebenswert machte. Aber vielleicht musste ich genau da durch, um jetzt hier zu sein. Auf dieser Bank, irgendwo bei meinen Eltern.

Ich atme tief ein und aus, hole mein neues Handy hervor und schreibe meinem Anwalt, ob er noch Melanies Nummer hat. Ohne dass er weiter nachfragt, leitet er mir ihren Kontakt weiter. Ich speichere ihre Handynummer ab und schaue dann auf ihr WhatsApp-Profilbild.

Es ist dasselbe Bild wie damals. Ich betrachte es und überlege, was ich jetzt tun soll. Ihr einfach schreiben? Oder lieber nicht? Ich bin mir unsicher und tue das Erstbeste, was mir in dieser mich überfordernden Situation einfällt. Ich blockiere sie. Wozu eigentlich? Das ist doch Quatsch. Ich entblocke sie wieder. Aber sollte ich ihr jetzt schreiben? Einfach so? Vielleicht will sie das gar nicht? Meine Nummer scheint sie allerdings noch eingespeichert zu haben.

Eigentlich sollte ich mich bei ihr melden, oder besser nicht?

Etwa eine halbe Stunde sitze ich so grübelnd auf der Bank im Garten meiner Eltern. Die Sonne ist mittlerweile fast untergegangen, aber die Luft ist noch angenehm warm. Ich denke zurück an den Moment, als sich vor wenigen Wochen die Zellentür öffnete und ich endlich frei war. Und an den Moment, als ich den Entschluss gefasst habe, auszusagen und mein Leben zu ändern. Für mich zu sorgen. Und für meine Familie.

Meine Finger zittern, als ich die Nachricht an Melanie eintippe. »Ich bin's«, schreibe ich, weil ich nicht weiß, was ich sonst sagen soll.

Nachdem ich die Nachricht abgeschickt habe, atme ich tief aus und warte. Nichts passiert. Vielleicht sollte ich sie doch blocken. Ich blicke auf mein Handy und sehe, dass sie etwas schreibt. Mein Herz schlägt schneller. Ihre Nachricht erscheint auf meinem Display. Es sind die schönsten und aufrichtigsten Worte, die nach all den Jahren, in denen ich mich im Zwiespalt zwischen mir, meiner Familie und den Hells Angels befand, ein Mensch an mich richten kann.

Sie schreibt: »Oh, du bist das.«

# Über die Autoren

Kassra Zargaran wurde 1986 als Sohn eines Iraners und einer Deutschchilenin in Hamburg geboren. Bereits in jungen Jahren kam er in Kontakt mit dem Rotlichtmilieu und wurde kriminell. 2010 wurde er Mitglied der »Hells Angels Berlin City«. 2014 musste er sich zusammen mit neun weiteren Mitgliedern wegen des sogenannten »Wettbüro-Mords« vor Gericht verantworten. Zargaran sagte während des Prozesses als Kronzeuge aus. Für seine Beteiligung an der Tat saß er sieben Jahre im Gefängnis.

Nils Frenzel, geboren 1991 in Bonn, ist ein deutscher Autor und Journalist. Er schreibt u. a. für *Zeit Campus, Die Welt, Welt am Sonntag, Vice* und den *Musikexpress.* Als Ghostwriter veröffentlichte er mehrere Bücher. Frenzel lebt in Köln.

Auch als **E-Book** erhältlich

384 Seiten
9,99 € (D) | 10,30 € (A)
ISBN 978-3-7423-0369-1

Jay Dobyns | Nils Johnson-Shelton

## Falscher Engel

Mein Höllentrip als Undercover-Agent bei den Hells Angels

Schon bald nach seiner Gründung Ende der 40er-Jahre in den USA machte der Hells Angels Motorcycle Club durch Gesetzesübertretungen und Gewaltdelikte von sich reden. Drogengeschäfte, Prostitution, Morde und Schlägereien sowie – mittlerweile auch international geführte – Bandenkriege mit rivalisierenden Clubs bringen den mitgliederstärksten Rockerclub der Welt immer wieder in den Verdacht der organisierten Kriminalität.

riva